Thomas Scott Tucker
Los Angeles - 2015

SRUTH NA MAOILE

Modern Gaelic Poetry from Scotland and Ireland

*Gaelic Poetry
from Scotland and Ireland*

SRUTH NA MAOILE

compiled by

Michael Davitt agus Iain MacDhòmhnaill

a bhailigh

Canongate Press · Coiscéim

1993

Arna fhoilsiú in Albain agus in Éirinn/
Air fhoillseachadh an Albainn agus an Eirinn/
Published in 1993 in Scotland and Ireland by
Canongate Press, 14 Frederick Street, Edinburgh
EH2 2HB and Coiscéim, 127 Bóthar na Trá, Baile Átha
Cliath 4

The publishers acknowledge subsidy from
the Scottish Arts Council and from An Chomhairle
Ealaíon, Ireland towards the publication of this
volume.

Cataloguing-in-Publication Data
A catalogue record for this book is available on request
from the British Library.

ISBN (Canongate Press edition only) 0 86241 356 7

Design by Dalrymple

Arna chlóbhualadh ag/Air a chlò-bhualadh le/Printed
by Bookcraft, Midsummer Norton, Avon.

An Clár/Contents

Compilers' Note

Having already been on the poetry tour and greatly enjoyed and valued it, we found it an added honour to be asked to compile this anthology. We prefer the word *bailigh*, or 'compile', to 'edit', as the specification from the outset was that the poets would be invited to choose sixty lines of poetry and translation from the work read by themselves on the tour and printed in the special booklets provided for the audience. The selection is therefore theirs. Nine of the sixty-three poets are no longer with us, and in the case of one of these a relative made the selection; the selection from the poetry of the others we made ourselves.

It will be seen that a modified alphabetical order has been adopted. Because there are so many more Irish poets, we have listed two of them each time a Scottish poet appears, except at the very end.

The poetry printed here, it should be remembered, was all chosen initially with public reading in mind – in village halls, theatres, schools, colleges and universities, from Dingle to Stornoway. In some cases the translations are mere prose glosses; others are reworked versions and poems in their own right. It was not thought feasible to attempt to align spelling and other usages completely, but a certain amount of standardising has been carried out.

Thanks are due to the Scottish Arts Council and Comhdháil Náisiúnta na Gaeilge for inviting us to carry out a fascinating commission; to the publishers – Stephanie Wolfe Murray and Lorraine McCann in Edinburgh and Pádraig Ó Snodaigh in Dublin – for their assistance; to the poets or their representatives for their co-operation; to Colonel Eoghan Ó Néill for his Foreword, for help with details and for his unflagging commitment to the poetry tours for so many years; to Iain Crichton Smith for his very promptly written Introduction; and to Walter Cairns and Shonagh Irvine for great encouragement. Finally, our particular thanks go to Marie C. Macaulay of Comhairle nan Leabhraichean (the Gaelic Books Council) in Glasgow, who word-processed the entire text.

The annual Scottish-Irish exchange has been not merely an

enjoyable literary occasion. For us it represents a reunion of clans, cousins long separated by Sruth na Maoile. Irish and Scottish Gaelic have not only survived the ravages of history but have experienced in the last twenty years something of a common renaissance in the fields of literature, education and radio/television. Crossing Sruth na Maoile twice a year continues to extend our definition of 'Gaelic' across national, social and religious divides. If this anthology contributes to that process, then much will have been achieved.

Tha sinn an dòchas gun còrd an leabhar seo ris gach neach aig a bheil meas air cànan nan Gàidheal, co-dhiù a tha i anns an riochd Eireannach no Albannach, agus gur h-ann a' sìor dhol nas treasa a bhios an ceangal a tha eadarainn.

Bliain is fiche ag fás; bliain is fiche eile faoi bhláth anois!

Michael Davitt agus Iain MacDhòmhnaill

Réamhfhocal/Ro-ràdh/Foreword

Bíodh is go mbíodh clár breá filíochta i mBéarla ag Austin Clarke ar Raidió Éireann sna daichidí, níor airigh mé file beo Gaeilge ag aithris a shaothair go poiblí go dtí gur chuala mé Seán Ó Ríordáin ag seisiún filíochta mar chuid d'Oireachtas na Mumhan i gCorcaigh i 1946. Go déanach sna seascaidí mhisnigh Eoghan Ó hAnluain, eagarthóir *Chomhar*, filí óga a gcuid bhéarsaí a fhoilsiú, ní amháin san iris sin ach ag seisiúin fhilíochta a d'eagraigh sé i gcomhar le Cumann Merriman, Éigse na Mumhan agus eile. Tháinig forbairt eile i 1970 nuair a deineadh socrú idir Comhar Cultúrtha Éireann den Roinn Gnóthaí Eachtracha agus Comhairle nan Ealain in Albain.

Mar seo a tharla.

Bhuail an t-aisteoir Meryl Gourley isteach chugainn in oifig na Comhdhála. Bhí aithne áirithe agam uirthi toisc go raibh sí tar éis seisiúin fhilíochta a reáchtáil i mBaile Átha Cliath. D'inis sí go raibh sí i dteagmháil le Comhairle nan Ealain in Albain, agus go raibh spéis acu "clár malairte" a shocrú le dream cuí in Éirinn chun filí Gàidhlig as Albain a chur go hÉirinn agus filí Gaeilge a thabhairt go hAlbain. Mhol sí an scéal a fhiosrú.

Tharla go rabhas féin im chomhalta de Chomhar Cultúrtha Éireann, agus phléigh mé an cás leis an gCathaoirleach, an duine uasal léannta úd, Cearbhall Ó Dálaigh, a bhí ina Phríomh Bhreitheamh ag an am (agus ina Uachtarán na hÉireann ní ba dhéanaí). Ghlac sé leis an smaoineamh le díograis agus chuamar i dteagmháil le Trevor Royle, Stiúrthóir Litríochta Chomhairle nan Ealain in Albain. Dréachtadh plean ar an mbonn go n-íocfadh an Comhar Cultúrtha costas na nAlbanach in Éirinn agus go n-íoc-fadh Comhairle nan Ealain costas na nÉireannach in Albain. "A commonsense horse trading arrangement," mar adúirt an Príomh Bhreitheamh. D'aontaigh an Comhar Cultúrtha leis an scéim go fonnmhar agus ghlac an tAire Gnóthaí Eachtracha leis an moladh go díocasach, faoi mar a tharla freisin i gcás Chomhairle nan Ealain in Albain. De bharr gan aon ghléas feidhmiúcháin a bheith ag an gComhar Cultúrtha, d'aontaigh Comhdháil Náisiúnta na Gaeilge an obair eagrúcháin agus feidhmiú na scéime a dhéanamh thar a gceann.

Socraíodh ansin Cúirteanna Filíochta (bunaithe ar na cúirteanna a bhíodh ar siúl san 18ú céad) a eagrú in ionaid éagsúla, le "Sirriam" a léifeadh Barántas ag gairm na bhfilí chun na Cúirte. Socraíodh leabhrán a sholáthar don lucht éisteachta ina mbeadh an fhilíocht sa bhunleagan, le haistriúcháin Bhéarla na bhfilí féin. Socraíodh freisin go nglacfadh filí Éireannacha (idir fhilí le cáil náisiúnta agus fhilí logánta) páirt sa Chúirt i ngach áit, chomh maith leis na filí as Albain (agus a leithéid chéanna in Albain).

Tháinig an chéad ghrúpa as Albain in Earrach na bliana 1971, Somhairle MacGill-Eain, Ruaraidh MacThòmais agus Domhnall MacAmhlaigh, agus tionóladh an chéad Chúirt i gColáiste na Tríonóide, i gcomhar le Cumann Gaelach an Choláiste. Bhí Seán Mac Réamoinn sa chathaoir, agus ghlac filí Éireannacha, dála Mháire Mhac an tSaoi, Mháirtín Uí Dhireáin agus Thomáis Tóibín, páirt. Ba thógáil croí an oíche úd. Mar adúirt Cearbhall Ó Dálaigh, bhíomar tar éis filleadh ar phréamhacha an chultúir.

Ba shuntasaí fós an oíche dár gcionn i gCorcaigh. Tharla ag an am go raibh Seán Ó Tuama, file agus drámadóir, ina ollamh agus Seán Ó Ríordáin, file, ina scríbhneoir cónaithe sa Choláiste Ollscoile. Tharla go raibh cuid mhaith fo-chéimithe óga sa Choláiste ag an am agus eolas maith acu ar shaothar na bhfilí móra sna haoiseanna atá caite, agus bhí siad féin tar éis teacht faoi anáil lucht seanchais agus ceoil na Gaeltachta. Ag an am céanna bhain siad le lucht a linne féin agus bhí siad imithe le filíocht chomhaimseartha. Tharla freisin go raibh an-chuid de mhic léinn an Choláiste tar éis teacht faoi anáil Sheáin Uí Riada i gcúrsaí ceoil.

D'eagraigh Michael Davitt agus na mic léinn eile an oíche úd. Tá sé ráite go raibh míle duine i láthair, ach seans go bhfuil áibhéil anseo. Ach is cinnte go raibh breis agus fiche duine ag iarraidh a gcuid filíochta a léamh ón aon ardán le filí móra na hAlban. Bhí amhránaíocht agus ceol den scoth ann agus ceolfhoireann thraidisiúnta, faoi Nóirín Ní Riain agus Mhícheál Ó Súilleabháin, ag glacadh páirte.

Ag eascairt as taithí an turais seo, i mBaile Átha Cliath, Corcaigh, Luimneach agus Máigh Nuad, socraíodh ar fhorbairt bhreise a dhéanamh ar na Cúirteanna feasta.

Chaidh mi fhìn agus còmhlan de bhàird na Gaeilge (Gàidhlig na h-Eireann) a-null a dh'Alba anns an Dàmhair an 1971 – a' chiad fheadhainn, faodaidh e bhith, ann an trì cheud bliadhna. B'iadsan Máirtín Ó Direáin, Seán Ó Tuama agus Caitlín Maude.

Rinneadh toileachadh air leth rinn an Alba, rud a chuir iongnadh oirnn air iomadh dòigh. Cha b'ann air sgàth gun do chuireadh fàilte air na h-Eireannaich, ach air sgàth gnè na fàilte. Thàinig muinntir cho caochlaideach agus à uimhir a dh'ionadan gan coinneachadh, agus thòisich càirdeas pearsanta eatarra cho luath.

Aig toiseach na linn an Eirinn bha sgrìobhadairean is sgoilearan Gaeilge mar a bha Dubhghlas de hÍde, Eoin Mac Néill agus Pádhraic Mac Piarais gu math saorsainneil an lùib luchd-sgrìobhaidh na Beurla. Bha urram ga thoirt dhaibh, agus bha eòlas agus meas air an obair aig W. B. Yeats, a' Bhaintighearna Gregory, J.M. Synge, Iòsaph Plunkett, Tòmas Mac Donnchadha is an leithidean. Aig meadhan na linn bha seo air atharrachadh gu mòr, agus mu àm nan 1960an cha robh mòran eòlais aig a' mhòrshluagh air litreachas Gaeilge an latha fhèin idir. B'ainneamh a nochdadh bàird Ghaeilge, ach 's dòcha dìreach neach sònraichte no dhà, ann an irisean litreachais, no eadhon sna pàipearannaidheachd. Nan smaoinicheadh mòran air litreachas na Gaeilge, 's ann air leabhraichean-sgoile. A bharrachd air beagan de dheagh eiseamplairean, cha robh mòran coluadair eadar an dà dhualchas sgrìobhaidh, is iad a' gluasad romhpa air leth o chèile air mhodh air am faodte *apartheid* litreachais a thoirt.

Mar sin, 's e a b'iongantaiche le Eireannaich an t-urram a dhleasadh na prìomh bhàird an Alba mar a bha Somhairle MacGill-Eain, Deòrsa Caimbeul Hay, Ruaraidh MacThòmais, Iain Mac a' Ghobhainn is Domhnall MacAmhlaigh, agus e soilleir gu robh meas mòr air litreachas na Gàidhlig acasan a bha an lùib ghnothaichean litreachais is cultair, eadhon a' chuid dhiubh aig nach robh Gàidhlig. ('S math dh'fhaodte gu bheil a dhà uimhir an Alba le Gàidhlig o dhùthchas is a tha an Eirinn le Gaeilge, ach feumar a chuimhneachadh nach eil e bitheanta Gàidhlig a theagasg ann an sgoiltean an ceàrnaidhean far nach eilear ga bruidhinn, agus gu robh uair anns nach faighte i an sin fhèin. Mar sin, tha àireamh na dh'ionnsaich a' chànan beag dha-rìribh fhathast an taca ris na dh'ionnsaich a' Ghaeilge.) Ach cha b'ann a-mhàin o luchd-bruidhinn, sgoilearan is sgrìobhadairean na Gàidhlig a fhuair sinne fàilte an Dùn Eideann, ach cuideachd o shluagh mòr eile – bàird, luchd-sgrùdaidh, foillsichearan, craoladairean, luchdnaidheachd is luchd-Oilthigh dham bu chànan a' Bheurla.

Ach 's e a dhrùidh gu h-àraidh oirnn air feadh Alba (agus, gu dearbha, air feadh na h-Eireann gach uair a nochd na h-Albannaich) teò-chridheachd agus fialaidheachd na thachair rinn. Cha b'ann a-mhàin am biadh 's an deoch, ged a fhuair sinn am pailteas dhiubh, ach – rud nas cudthromaiche – anns an fhàilte a fhuair sinn, fàilte a-steach do dhachaighean is do chridheachan mar bhuill dhen teaghlach. Chuir iadsan a thug aoigheachd dhuinn far comhair a' chuid a b'fheàrr a bh' aca de chur-seachadan, fearas-chuideachd, pìobaireachd, seinn, còmhradh, càirdeas is spèis.

'S e Trevor Royle a rèitich a' chuairt an Alba. Stad sinn an Dùn Eideann an toiseach, is an uair sin an Glaschu is an Obar-Dheadhain, agus às dèidh sin chaidh an còmhlan a dh'aona ghnothach a thadhal air Somhairle MacGill-Eain. Rè na cuairt cha b'e a-mhàin gun do dh'ùraich an còmhlan Eireannach eòlas air na bàird a thàinig a dh'Eirinn ach gu fac' iad gu robh ginealach de bhàird ann nach robh ach eadar fichead agus deich thar fhichead, mar a bha na peathraichean NicGumaraid, Catrìona is Mòrag, is Aonghas MacNeacail. Thàinig Caitlín Maude a-nall mar bhàrd, ach bha an luchd-èisdeachd fo gheas-aibh aig a seinn san t-seann nòs, is air taobh nan Albannach bha an aon rud fìor mu Dhoileag NicGhillFhinnein, a choinnich rinn an Dùn Eideann.

Ri linn na dh'fhiosraich sinn sa chiad bhliadhna dhen chuairt iomlaid cultair seo, agus na dh'ionnsaich sinn o luchd-eisdeachd, com-pàirt is rèitich ann an caochladh ionadan san dà dhùthaich, thòisich cruth air nochdadh, agus chaidh leudachadh air an ionnsaigh mar a chaidh na bliadhnaichean seachad. Cha b'ann idir, idir do bhuidhinn bhig fhiùghail a bha na cuairtean is na tachartais air gach taobh dhen chuan. Chunnaic sinn gu math tràth cho cudthromach is a bha an ceangal eadar ceòl is litreachas anns a' chultar Ghàidhealach, mar a bha e anns an fhear Ghreugach, is gu faodadh a' bhàrdachd a bhith 'na dàn no 'na h-òran, agus shocraicheadh gum biodh dà bhàrd, seinneadair o dhualchas agus neach-ciùil o dhualchas anns na còmhlain o sin a-mach.

Am measg na tha air a bhith air na cuairtean tha feadhainn dhe na bàird as cliùitiche, inbheach – is eadhon ainmeil – anns gach dùthaich, ach cha robh a h-uile bàrd mar sin air chuairt fhathast. Ach cha b'iadsan a-mhàin a bha sna sgiobaidhean – bha bàird annta nach robh air mòran is deugachadh cuideachd. Cha mhò a bha na tachartais air an cuingealachadh ris na bailtean mòra no na h-oilthighean mar a bha Baile Átha Cliath no Dùn Eideann – bha iad am bailtean na bu lugha mar a bha Inbhir Nis no Cluain Meala, no am bailtean beaga mar a bha Gleann Uig no Indreabhán, no an eileanan mar a bha Inis Meán no Eirisgeigh.

Cha mhò na sin a dh'òrdaicheadh cumadh an fheasgair o shuas. Dh'fhàgadh aig luchd-rèitich ionadail seo a shocrachadh, agus bhiodh e ag atharrachadh gu mòr an àite seach àite a rèir dualchas is beachdan an àite fhèin – agus a chultar fhèin, anns an t-seagh a b'fharsainge, ga riochdachadh. An cuid de dh'ionadan 's e Cùirt Bàrdachd is Ciùil a chumadh; ann an cuid eile, 's dòcha, leughadh foirmeil, le ceòl; an àiteachan eile, bha an tachartas na b'fhuasgailte, is a' bhàrdachd ga measgachadh le dannsa, is na bàird is an luchd-èisdeachd le chèile an lùib seo; an àiteachan eile 's dòcha gu sealladh a' bhuidheann-dràma dealbh-chluich ghoirid. Aon turas bhathar am bad far an robh dualchas làidir dòrnaireachd, agus shocraicheadh gun cumte am feasgar litreachais an cois farpais-dòrnaireachd na sgìre! Chaidh na bàird is an luchd-ciùil a-steach dhan bhuaile eadar na sabaidean, rinn iad na bha aca fhèin ri dhèanamh – agus fhuair iad moladh mòr on luchd-èisdeachd!

The effects, influence and results of this cultural exchange scheme have been rewarding, far-reaching and lasting. There is now an appreciative audience for contemporary Gaelic literature in both countries, not just amongst poets, critics, academics and enthusiasts, but amongst a wide cross-section of the general public, hitherto perhaps out of contact or largely unaware of its existence. Courts of poetry and poetry readings are now a common feature at gatherings and festivals throughout both countries. There is a deeper appreciation of the wider aspects of our common culture, including its past and contemporary literature, its history and its music.

More importantly still, perhaps, horizons have been widened. Irish and Scottish Gaelic poets have addressed new international audiences in each other's country. They have met their opposite numbers and have been able to exchange views, discuss and learn from their fellow poets. Some have gone ahead themselves and carved out a reputation far beyond the shores of Scotland or Ireland.

There are, moreover, some very tangible indirect results. Due to contacts made there have been very productive exchanges of information. In the educational sphere valuable information and advice has been exchanged between groups engaged in Gaelic-medium playgroups, primary and secondary schools, while the language and literature of the other country now features more prominently on the courses of the Celtic/Gaelic Departments in the universities. Exchanges have taken place between official and voluntary bodies engaged in the co-operative movement, local industry and community development. Radio programmes have been exchanged between broadcasting authorities. Tourism has benefited, even if only in a small way, as individuals and families have holidayed in the Gaeltacht or the Gàidhealtachd, or schools or youth clubs from such areas have organised exchange visits. Pipers, harpers and singers from each country have been invited to cross the sea to give recitals, to instruct or to adjudicate at Summer Schools and festivals.

Cultural relations embrace a wide spectrum and indeed include political relations. Those who have participated in these exchanges have come from a broad range of political views and religious persuasions, and while in the past politics and religion have often caused divisions between the people of Ireland and between the people of Scotland, yet never have any divisions arisen on these tours. On the contrary, where in a few cases there may initially been some slight hesitancy or suspicion about the "strangers", these were rapidly dissipated, and the exchanges have in fact cemented and reinforced good relations and mutual appreciation between the two nations.

In publication, Michael Davitt, founder and editor of the literary journal *Innti*, has included the work of Scottish Gaelic writers in its pages and has devoted a particular issue to the work of Somhairle MacGill-Eain. A further example is the work of the publishing house Coiscéim, whose founder, Pádraig Ó Snodaigh – himself a poet who has taken part in the exchange – has published the works of Scottish poets he has met on the tour, with translations into Irish.

The most significant example is the publication of this present work as an international co-operative undertaking. The joint publishers are Canongate Press (Edinburgh) and Coiscéim (Dublin), the joint compilers are Michael Davitt (Ireland) and Iain MacDhòmhnaill (Scotland), both of whom have taken part in the tours, while the project has the financial support of both the Scottish and Irish Arts Councils.

Ba mhaith liom críoch a chur leis seo le nóta pearsanta. Bhí an t-ádh dearg ormsa an deis a bheith agam bheith i dteannta na nÉireannach agus na nAlbanach araon ar a gcamchuairteanna go léir, agus bheith i láthair ag breis agus 250 ócáid liteartha leo. Fearadh fáilte, féile agus fláithiúlacht romhainn sa dá thír. Ní minic a tugtar deis do dhuine, tar éis do àn mheánaois a fhágaint ina dhiaidh, feabhas agus forbairt a chur lena chuid oideachais. Mar sin, ba shuaitheanta an t-eispéireas domsa bheith ag taisteal ar feadh seachtaine, bliain ina dhiaidh a chéile, i ndlúthchomhluadar fhilí móra an dá thír, éisteacht le leithéidí Shomhairle MhicGill-Eain nó Sheáin Uí Thuama agus iad ag trácht ar stair

nó litríocht, foghlaim faoi chúrsaí amhránaíochta ó leithéidí
Fhlòraidh NicNèill nó Thomáis Uí Neachtain, faoi chúrsaí píob-
aireachta ó leithéidí Dheagláin Mhic Mháistir nó na ndeartháir-
eacha MhicDhòmhnaill – Aonghas, Ailean agus Iain.

Tá cúis ar leith agam bheith faoi chomaoin mhór ag gasra
d'fhilí a bhain le glúin – nó i gcásanna áirithe leis an dara glúin –
i mo dhiaidh. Tá cuid acu siúd ina bhfilí cruthanta, aibidh, cáil-
iúla anois, ach ní raibh siad ach sna luathfhichidí nuair a casadh
orm iad an chéad lá. Ba mhór an phribhléid do dhuine de
m'aois-se an deis a bheith aige foghlaim faoi Michael Davitt nó
Catrìona NicGumaraid agus suas le scór duine eile de lucht a
gcomhaimsire ón dá thaobh de Shruth na Maoile. Rud a chuir
iontas ar leith orm ab ea fairsinge a bhfoghlama agus dua a
saothair i mbun filíochta. Daoine iad a bhí oilte ar sheanchas na
Gaeltachta agus oidhreacht fhilí móra an 16ú agus an 17ú haois.
Ag an am céanna bhí siad eolach ar a bhfuil á scríobh ag filí na
linne seo, ní amháin i nGaeilge nó i nGàidhlig ach sa Bhéarla,
sna hOileáin seo nó i Meiriceá Thuaidh, nó fiú amháin sa
bhFraincis, sa nGearmáinis, sa Rúisis nó sa Phólainis, ach ba
dhaoine den dara leath den 20ú haois iad, daoine a bhain cuid
mhaith le saol cathrach, daoine a bhí faoi thionchar a linne – na
Beatles, Bob Dylan etc.

Ba mhaith liom aitheantas ar leith a thabhairt dóibh siúd go
léir a chabhraigh leis an scéim seo ó thús – Comhar Cultúrtha
Éireann (the Cultural Relations Committee of the Department of
Foreign Affairs) agus Comhairle nan Ealain in Albain (the
Scottish Arts Council), go háirithe Trevor Royle, Sheena Duffy,
Walter Cairns agus Shonagh Irvine – agus Alasdair agus Elise
Macrae agus Mórag NicLeòid, a d'eagraigh na turais in Albain; iad
siúd go léir a d'eagraigh na hócáidí go logánta sna hionaid
éagsúla sa dá thír; iad siúd a ghlac páirt nó a tháinig le bheith i
láthair. Tá buíochas ar leith tuillte ag Comhdháil Náisiúnta na
Gaeilge, ag a Stiúrthóirí, an Capt. Seán Ó Donagáin agus Peadar
Ó Flatharta, agus ag an bhfoireann.

Ba mhaith liom a mheabhrú go speisialta iarchomhaltaí
d'fhoireann na Comhdhála a raibh baint mhór acu le pleanáil
agus forbairt na scéime sna laethanta tosaigh, Nóra Ní
Dhomhnaill, Aidín Ní Chaoimh agus Seán Ó Curráin, agus le
Daithí Ó Dufaigh, Cearúll Page agus Pádraig Páircéar, a rinne an
tiomáint go léir.

Beir beannacht.

Eoghan Ó Néill

Introduction

This is a substantial volume. The range of ages and of styles is wide. It contains a number of women poets, as it should do, since women poets, both named and anonymous, have been prominent in the two languages. Some of the greatest of the anonymous authors of the marvellous 16th and 17th century Scottish Gaelic songs were women.

There is a variety of styles in the book but it has to be said that in general there has been a movement away from the traditional metrical poetry that was dominant in the past. There is now a tendency to write in free verse (as Derick Thomson noted) and this volume illustrates the change.

As is natural when one considers the circumstances for which the poems were chosen (that is, public reading), they tend to be short and lyrical. This has not been wholly true of Celtic poetry, in spite of Matthew Arnold's famous analysis of it. In our own time we have had Sorley MacLean's *An Cuilithionn,* and earlier than that *Moladh Beinn Dòrain* by Duncan Ban Macintyre and Brian Merriman's *Cúirt an Mheán Oíche.*

What is also noticeable is that these poems are on the whole clear and easily understood. They are not ironical, nor are they, like Eliot's *The Waste Land,* opaque. That may very well be because Celtic poetry was on the whole oral and therefore easily intelligible. And then, of course, these particular poems were meant to be performed and this may well have influenced their authors in their choice from the corpus of their work.

One asks what are the themes which are different from those which are to be found in the work of English poets. I think one of them is language itself. Thus, Tomás Mac Síomóin will write:

> *... i bhfriotal freagnaiseach feoite na Gaeilge –*
> *laoi loinneardha lúfar léimeach*
> *dár mbris chaithréimeach.*

> '...in the decayed and bitter Gaelic
> a lively lay, sparkling, leaping
> to our defeat triumphant.'

I myself write of the two languages, Gaelic and English, under the analogy of a jester's tunic divided into black and red. Derick Thomson, in the powerful *Cisteachan-Laighe*, sees himself encased in an alien language, English, from his early unformed years:

> *Is anns an sgoil eile cuideachd,*
> *san robh saoir na h-inntinn a' locradh,*
> *cha tug mi 'n aire do na cisteachan-laighe,*
> *ged a bha iad 'nan suidhe mun cuairt orm;*
> *cha do dh'aithnich mi 'm brèid Beurla,*
> *an lìomh Gallda bha dol air an fhiodh...*

> 'And in the other school also,
> where the joiners of the mind were planing,
> I never noticed the coffins,
> though they were sitting all around me;
> I did not recognise the English braid,
> the Lowland varnish being applied to the wood...'

There is also a short poem of Liam Prút's which I will quote in its entirety. It is called *Réal sa tSeachtain.*

> *Do cheannaigh bhur n-athair bhur n-urlabhraíocht*
> *is do dhíol as gach siolla go daor.*
> *Anois tá sé agaibh*
> *liopastach, do-mhalarta.*

> *Tá an seanfhriotal thíos ag dó a chuid gutaí,*
> *ag séideadh an anáil d'bhur gcuid foghraíochta;*
> *agus tugann sibh réal gach seachtain*
> *don mhúinteoir deaslabhra a hoileadh i Londain,*
> *chun an beol a choimeád ó sheanbhlas!*

> 'Your speech was bought by your fathers,
> each syllable dearly paid for.
> Now you've got it, slovenly, unchangeable.

> The older speech lies beneath, still burning out its vowels,
> blowing away the breath from your phonetics.
> And you all bring sixpence each week for the elocution teacher
> who was trained in London
> in order to keep an old taste from your mouths!'

It is natural that there should be this concern with language, for language is most intimately connected with poetry, and to see it die in all its authenticity is to see poetry itself die. The Celtic poet lives in a more precarious place than the English poet does. He is perched on his bardic chair, and the wood itself is being eaten away while he writes.

Another theme that concerns the Irish/Gaelic poet for various sociological reasons is that of religion, a topic unfashionable in modern English poetry (indeed, one associates the theme in English more especially with a Welsh poet, R. S. Thomas, himself Celtic).

Myles Campbell writes of two voices, one Christ's and one Cù Chulainn's, and ends with a portrait of Nietzsche, 'that bright mind/completely mad'. Norman Campbell is more dismissive of religion in *Atharrachadh nan Gràs*, where a habitual drunkard becomes a Christian (a situation common enough in the Highlands):

> *Slàn le dannsair dubh na ruidhle,*
> *fear nan òran 's ceòl na pìoba –*
> *truagh leam bhith gad chaoidh a-nochd.*
>
> *Slàn le pòitear còir nan searrag,*
> *fear nach sòradh làn na glainne –*
> *cha robh daorach ort gu seo.*
>
> 'Farewell the black dancer of reels,
> singer of songs, player of bagpipes –
> sad my lament for you tonight.
>
> Farewell the drinker of great drams,
> no begrudger of brimming bumpers –
> you're on your biggest piss-up yet.'

Seán Ó Coisdealbha sees God as a playwright, with the devil 'prompting behind a screen'. Fearghas MacFhionnlaigh sees us in a fight with Goliath. Gréagóir Ó Dúill writes in *Cé Duirt?*:

> *An Rí mura mbí fá do chroí,*
> *Sa Róimh féin ní bhfaighidh tú síth;*
> *Colm Dhoire adúirt,*
> *Le cuimhne catha, ar oileán Í.*
>
> 'Unless the King is in your heart,
> In Rome itself you'll find no peace,
> Said Derry's Colmcille,
> Remembering war from quiet Iona.'

Sorley MacLean refers to

> *Pàrras gun phàrras a chuideachd,*
> *imcheist a' ghiullain Shaoir-Chléirich.*

'Paradise without the paradise of his own people,
the perplexity of the little Free Presbyterian boy.'

According to Criostoir O'Flynn, saints are more difficult to recognise in the twentieth century. As he speculates:

An é nach bhfuil an timpeallacht nua seo
Na telefíse is an chumhacht eithnigh oiriúnach
Do chothú na naofachta?

'Perhaps this new environment of television
and nuclear power is not conducive
to the cultivation of holiness?'

Duncan MacLaren, whose poems are bitter indictments of clashing religions, sees in Clydebank

Ann an ceàrn, faisg air Woolie's,
creathall bheag, bhìodach, bhochd,
1690 air a sgròbadh thar aodann Muire,
gàir' air a gnùis is smugaid shearbh
a' snigheadh on t-sùil.

'In a corner near Woolie's,
a small, poor, tiny cradle,
1690 scratched on the Virgin's face,
a smile on her countenance and a bitter gob of spit
dripping from her eye.'

Such harsh immediate lines, about religion, are rare in this anthology. Speculations tend to be more metaphysical than so directly sociological. But in *Bréagchráifeacht*, Seosamh Ó Neachtain writes of a young girl who gave birth and died in an open field. Her death was viewed with sympathy, but if she had lived she would have suffered obloquy and contempt. There is therefore a spectrum of religious poems in this book, some hostile, some not.

The big issues are here, and though there are not many humorous poems one or two such as Norman Maclean's *Oran a' Choimpiutair* remain in the mind. These, however, are for the most part serious poets writing of serious things. They are alive in their own time, and alert to their century. There are no echoes of *Tìr nan Og*. Yeats's fairy lyrics are not so easy to write now. There are a few references to war – Sorley MacLean's marvellous *Glac a' Bhàis*, where he looks upon a dead young German soldier with the realistic eye of an ancient Greek, or MacLaren's unforgettable picture of a Scottish soldier in Ulster.

One other theme I find in this anthology, though it is to be found in English poetry too, is that of love. We find it in the forsaken poems of Meg Bateman, and it is in the poem *Macha* by Colm Breathnach:

> *I do dhá shúil, a ghearrchaile,*
> *tá péire éan donn neadaithe.*
> *Ní heol dom a n-ainm Laidine...*

> 'In your eyes, my girl,
> two brown birds are nesting.
> I do not know their names in Latin . . .'

It is in Michael Davitt's poem for Máire, and in Angus Peter Campbell's *Aon Oidhche Dhòmhnaich an Dùn Eideann*, and in some of the poems of Myles Campbell. It is in the forlorn *Litir Fholamh* of Pearse Hutchinson and in the poems of Rita Kelly. It is above all in Nuala Ní Dhomhnaill's poetry, as here in *Leaba Shíoda:*

> *Ó, chóireoinn leaba duit*
> *i Leaba Shíoda*
> *le hamhascarnach an lae*
> *i ndeireadh thall*
> *is ba mhór an pléisiúr dúinn*
> *bheith géaga ar ghéaga*
> *ag iomrascáil*
> *am lonnaithe na leamhan.*

> 'O I'd make a bed for you
> in Labysheedy
> in the twilight hour
> with evening falling slow
> and what a pleasure it would be
> to have our limbs entwine
> wrestling
> while the moths are coming down.'

It is to be found in the strange poem *An Chéim Bhriste* by Áine Ní Ghlinn, disturbing and lonely, and in *Ag Beannachtaigh do Chit* by Cyril Ó Céirín, which is a poem about childbirth, with fine symbols of bow and archer. It appears as a tribute to women in Micheal O'Siadhail's *Comaoin:*

> *I measc mhná na cruinne gile*
> *Casadh corrbhandia i mo bhealach*
> *Aníos thríd an scafall sealadach*
> *A tóigeadh idir an t-am is an spás.*

'Among the bright women of the world
There have always been those goddesses,
As we crossed our makeshift scaffold,
A universe built in time and space.'

This little anthology of love poems selected from the book is concluded by Seán Ó Tuama's *Ise Seachtó hOcht, Eisean Ochtó Ceathair,* an idyll which ends in tragedy.

'S a-nise tha mi a' tighinn gu ceann mo ro-ràdh, agus chan urrainn dhomh ach moladh a dhèanamh air an leabhar seo, a tha a' toirt gu chèile iomadh bàrd agus bana-bhàrd ann an comann a tha a' foillseachadh dhuinn a' cheangail a tha eadar an dà chànan agus an dà dhùthaich: agus gum bu fada a leanas sin.

Iain Crichton Smith

xxviii

Meg Bateman

Because I Was So Fond of Him

He used to visit me
when he was drunk
        because I was so fond of him.

I'd make him tea
and listen to him
        because I was so fond of him.

He stopped drinking
and I was happy for him
        because I was so fond of him.

Now he visits me no more,
indeed he despises me
        because I was so fond of him.

Poem-Frenzy

"Is this the very last poem for you?"
                    Derick Thomson

I hope
that this is
the very last poem for you

because I've got work to do,
a house to put in order,
a bed to make,
nor would I mind
having a read of the paper
or watching television.

Oh, would that my heart would let you go,
that peace would descend on me,
and that I'd delight again,
as I used to,
in the unimportant things of life.

A Chionn 's Gu Robh Mi Measail Air

Thigeadh e thugam
nuair a bha e air mhisg
    a chionn 's gu robh mi measail air.

Dhèanainn tì dha
is dh'èisdinn ris
    a chionn 's gu robh mi measail air.

Sguir e a dh'òl
is rinn mi gàirdeachas leis
    a chionn 's gu robh mi measail air.

Nist cha tig e tuilleadh
is nì e tàir orm
    a chionn 's gu robh mi measail air.

Mire-Bhàrdachd

" 'N e seo an dàn deireannach dhutsa?"
               Ruaraidh MacThòmais
Tha mi an dòchas
gur h-e seo
an dàn deireannach dhutsa

on a tha obair agam ri dhèanamh,
taigh ri chur an òrdugh,
leabaidh ri chàradh,
is bhithinn coma
ged a leughainn am pàipear-naidheachd
no ged a sheallainn air an telebhisean.

O gun leigeadh mo chridhe às thu,
gun tuirlingeadh sìth orm,
is gun gabhainn tlachd,
mar a b'àbhaist dhomh,
ann an nithean suarach an t-saoghail.

The Loss of Gaelic

You gave me an intellectual grasp
of something unique dying out,
of a despoiling of humanity
for which there can be no reparation . . .

An old woman dies at home,
your anchor rope is fraying;
now I can see in your eyes
the heartbreak of the matter.

Moray Place Gardens, Edinburgh

Black leaves on the grass,
an acrid smell of damp stonework;
a wisp of ochre fog
lowering itself around the trees;
looking out from sorrow,
my father's great eyes;
a leaf spinning to the ground –
the motion of my spirits.

All round, a cauldron of imposing houses,
sign of an ambitious age,
orders of classical columns
that do not countenance human frailty.

Gardens haunted by widows,
failing, independent,
walking in the wearisomeness of their days,
their burdens concealed.

But here is heard the tinkling
of collars from the neat-stepping dogs,
and against the houses are seen
tiny bright leaves
and the uncomplaining birches
gently letting them go.

Sìoladh na Gàidhlig

Thug thu tuigse dham inntinn
air sìoladh rud nach till a leithid,
air creachadh air a' chinne-daonna
nach gabh leasachadh . . .

Cailleach air bàsachadh aig baile,
ròpa t'acaire a' caitheamh;
nist tha mi a' faicinn nad shùilean
briseadh-cridhe na cùise.

Gàrradh Moray Place, an Dùn Eideann

Duilleagan dubha air an fheur,
fàileadh searbh na cloiche taise;
sop odhar de cheò
ga ìsleachadh mu na craobhan;
a' coimhead a-mach à bròn,
mòr-shùilean m'athar;
duilleag a' snìomh gu làr –
gluasad m'aigne.

Mun cuairt, coire thaighean drùidhteach,
comharra aois glòir-mhiannaich,
òrduighean cholbh clasaigeach
nach aithnich laigse san duine.

Gàrradh tathaichte aig bantraichean
fàilligeach, neo-eisimeileach,
a' coiseachd ann an cianalas an làithean,
an uallaichean ceilte.

Ach cluinnear an seo gliongartaich
coilearan chon grinn-cheumnach
is chithear, fa chomhair nan taighean,
meanbh-dhuilleagan soilleir
gan leigeil sìos gu sèimh
aig a' bheithe chiùin, chuimir.

 Colm Breathnach

Macha
For Mary

A bird rises from the thickets
like a burst of child's laughter.

In your eyes, my girl,
two brown birds are nesting.
I do not know their names in Latin

but know them all the same
when your passionate laughter cascades.

Your stately gait
among the alders
relates to me also of matters
bird and earth knew long before.

Even the stones proclaim you by your name.

And this countryside will relate
the reason for your being

to whomsoever listens
to the canticle of the mute,

to whomsoever watches
the salmon's leap

coming abreast with the chariot
in its deathcharge through the plain.

(Macha: a combination fertility/war goddess of the Ancient Celts in
Ireland. According to *Táin Bó Cuailgne,* she was forced to race the char-
iot of Conchubhar Mac Neasa in order to defend the honour of her
husband. After winning the race she gave birth to twins. It was from
this time that the place where Conchubhar had his fort was called
Eamhain Mhacha – the Twins of Macha.)

Translated by Gabriel Rosenstock

Macha
Do Mhary

Éiríonn éan as measc na dtom
mar a bheadh tobainne gáire páiste ann.

I do dhá shúil, a ghearrchaile,
tá péire éan donn neadaithe.
Ní heol dom a n-ainm Laidine

ach aithním as an nua iad gach uair
a theilgeann tú do gháire paiseanta uait.

Is insíonn do shiúlóid sheolta
i measc na bhfearnóg
nithe dom, leis,
ab eol don éan is don chré fadó.

Táid na clocha fiú ag éamh as d'ainm fíor ort.

Is inseoidh an dúthaigh seo
an taobh go bhfuilir ann

don té a éisteann
cantaic na mbalbhán,

don té a fhéachann
léimt an bhradáin

agus a bhéarfaidh ar an gcarbad
ina scriosrás trí lár na má.

Liz (in Autumn)

Your pale body
is too soft for this weather
and you keep your own little world
closed behind your grey eyes.

Arms as thin
as goat's milk
the colour of a candle,
your dress hangs on you
without fullness.

Liz of the light smile,
poor Liz of pains,
I will keep your secret safe from impatient talk
that doesn't know the nettle-tangle of your days.

Liz of the slow gaze
behind a window on a rainy day,
birds forsake bare trees
and a butterfly also dies in the cold.

Choirmaster

You'd raise your hand and a choir would sing on the Leeside,
you'd raise your hand once more
and a choir would sing, out in Carrignavar,
or at another time in Shandon under the spire.

And the torrents and streamlets of Cork,
the air all around the city would fill
with the voices of throats you controlled.

At Easter Mass in Faranferris
music spread over the sides of the mountain
and down into the Glen,
so that the people below raised their heads
that white-bright Sunday morning.
You raised your hand and the whole world sang for you.

On the sickly pale hospital sheet
I watched your right hand in its weakness,
I heard the noisy torrents of the river outside
and I understood why
voices need a choirmaster.

Lís (sa bhFómhar)

Tá do chorp bán
rómhín don aimsir seo
agus coimeádann tú do dhomhainín féin
iata taobh thiar ded' shúile glasa.

Géaga chomh caol
le bainne gabhair
ar dhath na coinnle,
crochann do ghúna ort
cheal ábhar a líonta.

Lís an mheangtha éadroim,
Lís bhocht na bpianta,
coimeádfad do rún slán ar chaint mhífhoighneach
nach dtuigeann tranglam neantógach do shaoilse.

Lís na súl mall
taobh thiar d'fhuinneog lá fearthainne,
tá éin ag tréigean lomchrann
is peidhleacán leis 'fáil bháis sa bhfuacht.

Stiúrthóir Cóir

D'ardaíteá do lámh is chanadh cór cois Laoi,
d'ardaíteá do lámh athuair
is chanadh cór i gCarraig na bhFear ó thuaidh,
nó arís eile sa tSeandún faoin spuaic.

Is líontaí caisí is sreabha Chorcaí
is an t-aer mórthimpeall ar an gcathair go léir
de chomhghlórtha na scornach a bhíodh faoi do réirse.

Ó Aifreann na Cásca i bhFearann Phiarais
leath an ceol thar na sleasa ar an sliabh
is síos isteach sa Ghleann,
gur thóg an dream thíos a gceann
an mhaidin Domhnaigh ghlégheal úd.
D'ardaís do lámh is chan an saol go léir duit.

Ar bhraitlín mheathbhán an ospidéil
d'fhaireas do lámh dheas is í tréithlag,
chuala caisí na habhann lasmuigh go glórach
is ba léir dom an gá
atá ag glórtha le stiúrthóireacht.

Deirdre Brennan

The Well

I am the enchanted doe
Who breaks cover,
Wet ground under my hoofs.
I hear in the twilight
The whispering of the well
Where my thirst will be slaked.

I am the barefooted child,
Wilted poppies in my hair,
Who comes with an enamel bucket
To draw water.
A frog on a flagstone in the glory of sunshine,
My prince is there before me.

I am the golden girl of the well,
The lonely enchantress of night
Come from the bottomless depths,
The legend in men's hearts.
I lure them towards me
That my thirst may be slaked.

I am the languid poet
Loitering on its brink
Who was called to the well
That I might taste from cupped hands
The music of your vitality on my tongue
And the jump of your sacrament in my
mouth.

Niamh's Birth

Sad music of the curlews close to the house
Crying from a grass-fringed place,
Our loneliness blending together.
A griping in my belly intensifies
Until the stars swing in pain.

There is a bed ready for me in the darkness,
A nesting-place hidden from the wind
Where I can get night refuge,
An enamelled moon staring at me

An Tobar

Mise an eilit faoi dhraíocht
Éirithe as an leaba dhearg,
Talamh uisciúil faoi mo chrúba.
San idirsholas cloisim
Sioscaireacht an tobair
Mar a sásófaí mo thart.

Mise an páiste cosnochtaithe,
Poipíní feoite im ghruaig,
A thagann le buicéad cruanta
Chun uisce a tharraingt.
Frog ar leac in áilleacht ghréine,
Tá mo phrionsa ann romham.

Cailín órga an tobair mé,
Bandraoi uaigneach na hoíche
Tagtha ón duibheagán gan ghrinneall,
An finscéal i gcroí gach fir.
Meallaim chugam iad
Go sásófaí mo thart.

Mise an file dobrónach
Ag fánadóireacht ar bhruach,
A glaodh chun an tobair
Go mblaisfinn óm bhoiseog
Ceol do bheochta ar theanga
Agus bíog do shacraiminte i mo bhéal.

Breith Niaimh

Goltraí na gcrotach i ngar don teach
Ag caoineadh ó áit fhéar-imeallach,
Ár n-uaigneas ag cumasc le chéile.
Greadadh im mhéadail a mhéadaíonn
Go luascann na réaltaí i bpian.

Tá leaba réidh dom sa duibheacht,
Neadlann folaithe ón ngaoth
Ina bhfaighead tearmann oíche,
Gealach chruain trí fhrainse duilliúir
Ag stánadh os mo chionn.

12 But I turn my back on primitive feelings
And on the despairing cry of birds.
Lying in labour on an antiseptic bed,
Expertise and medicine on every side,
I will not disclose to them that all I think of is a bed in the grass,
My nails sunk in the earth.

Possessors

The dead follow our footsteps
Through a jungle of street markets
And auction rooms
Fingering old flowers
Of silk and velvet;
Sliding their feet under our feet
In kid leather shoes,
They draw ghostly shawls
Between us and the *bric-a-brac* of their lives.

They have taken up all the chairs,
They drape themselves on every *chaise-longue*,
They stick the bits and pieces of their days
Under the varnish of scrap-screens
Until we are like woodworm
Fattened on their dust
Stumbling into the sun
On our way from a hodge-podge of shadows
In the grey breath of mirrors.

Through the leaves.
Ach tugaim mo chúl le cianacht
Is ar fhuamán déarchaointeach éan.
Im luí seoil ar leaba fhrithsheipteach,
Oilteacht is leigheas ar gach taobh,
Ní nochtfad leo go smaoiním ar leaba sa bhféar
Is m'ingne sáite sa chré.

Sealbhóirí

Leanann na mairbh ár gcoiscéimeanna
Trí dhufair margaí sráide
Is seomraí ceantála
Ag méaraíocht le seanbhláthanna
De shíoda is veilbhit;
Ag sleamhnú isteach cosa faoinár gcosa
I mbróga meannleathair,
Tarraingíonn siad seálta síofrúla
Idir sinne is *bric-a-brac* a saol.

Tá na cathaoireacha go léir gafa acu,
Táid ina sleasluí ar gach *chaise-longue*,
Greamaíonn siad sceadach a laethanta
Ar scáthláin ghearrthóga faoi vearnais
Go mbímid mar mhíolta críonna
Beathaithe ar a ndeannach
Ag tuisliú amach sa ghrian
Ar ár mbealach ó mhearbhlach scáil
In anáil liath scathán.

          Angus Campbell

Thoughts on Bondage in Poland, 1944

I see the sun on splendrous wing
Banishing night's shadowy shades,
Breaking through dawn's early mist,
Extinguishing the light of the stars,
Illuminating ridges, slopes and summits
With penetrating barbed rays,
The sun's kind warmth
Embracing hill-top and slope,
Nurturing balmy sparkling dew,
Beauty glistening and adorning;
Silvery dewdrops tinged with gold
Tipping each green grassy blade;
Echoing peace greeting the early morning
With a glad smile on her lips;
The music of the birds
Singing on wing and branch.

I stand on top of the high *sgùrr*,
Watch-roost of the eagle,
Possessor of all I see from its summit,
The entire world beneath my foothold;
The whole vision, the full vista
Spread in prospect to my gaze,
The land in repose, bedded
In the embrace of encircling coasts;
Townships adjoining the bays –
Arable-lands, pasture and crofts,
Rough-bounds, stony-lands and lochs,
Wilds of water-fish and game;
Beloved isle of my affection,
My rearing, minding and guiding,
Its nurse-mother, elemental ocean,
Lulling it with fond possessiveness.

Smuaintean am Braighdeanas am Pòland, 1944

Chì mi ghrian air sgiath a h-òirdhearcais
A' fògradh sgleò nan neul,
Mosgladh à mìn-dheat na moch-thràth
'S ri mùchadh solas nan reul,
Soillseadh mullaichean nan leòidean
Le deòthan gathach dian,
A carthannnas blàth ag iadhadh
Faobhar is ciabh-uchd an t-slèibh;
Dealt an driùchd 'na chiùin-bhraon lònmhor
Rìomhach, oisleanach 'na sgiamh,
Air bhinneig gach pòir is feur;
Sìth mhic-talla 'g altram òg-mhadainn
Le snodha-sògh 'na beul;
'S milis pòg fhàilt' ceòl nan eun,
Coireal ac' air sgèith is geug.

Seasaidh mi air mullach na h-àrd-sgùrr,
Spiris aire na h-iolair,
Triath air na dhearc mi bho tulach,
Saoghal uile fo m'lorg;
Fad lèirsinn an t-seallaidh mhòir
Sgaoilt' fa chomhair mo shùla,
'N dùthaich 'na leabaidh-shurraig
'N achlais chrios-chòrs na fairg';
Bailtean ri slios nam bàgh,
Fonn fhearann, geàrraidh is chruit,
Garbhlach, cruadhlach is luich,
Fàsach, uisg'-èisg is sealg;
Eilean ionmhainn mo ghràidh,
M'àrach, m'aigne is m'iùil,
'S banaltram cuan nan dùl
Ga thàladh le mùirn is seilbh.

16   I stand on a bare headland,
Winter's wild weather relentlessly
Blowing a gale from the west –
The ashened cradle of storms;
The tempest-maddened rushing waves
Wrestling with bastioned shore,
Rollers crested and tall
Pummelling the rocks in rage:
A sight dreadful and awesome,
Ocean's roaring batteries in strife –
Gathering at jutting precipices,
The ground shaking to their turmoil,
Hate and loathing in their crashing,
Lathering rock-face and ledge –
Spray-boiling and hiss and moan
Ascending skywards in display!

Grotesque and heart-rending strife,
A quick death to you –
Sustained on waste and blinding tears,
Vexation, torment, sorrow and hatred;
I fast-harnessed to your yoke,
Bondage that is sapping my strength
And shattering my mind;
My pain is eased in thought,
Removing shackles of incarceration,
Breaking free on wishful rein,
Racing a tireless steed-horse
Between Poland and Glasgow town,
Setting my boat across the kyles
With my heathery isle ahead,
To welcome my young children,
Relatives, friends and my dear, dear wife!

The original Gaelic is made up of sections I, V, VII and XV of a poem of fifteen twelve-line sections. These four sections here were chosen by the late poet for the Irish tour in 1973. His translation has been lightly revised by his nephew, Mr Norman Campbell.

Seasaidh mi air rubha lom,
Faoilteach geamhraidh gu dian
Sèideadh rotach bhon iar,
Creathail neulach nan stoirm;
Gailleann oglaidh sa bhàrc-thonn
An cràic ri cladach na tìr,
Làdaich chìreanach àrda
Stràcadh nan creag gu coirbt':
Sealladh uamhann is oillteil,
Beuc-thuinn an taibh 'nan strì –
Cruachadh ri peirceal na lighe,
'N talamh air chrith len toirm,
Nimh na garbhsaich 'nan nuallan,
Sluaisreadh charraig is chleit,
Goil churracach 's le seiteig
Ag èirigh dhan speur le foirm.

Connspaid mhì-chneasda na gaoir,
Giorrad shaoghail air do thòir –
'S lòn dhut gaoid is taosgadh dheòir,
Doilgheas, dòrainn, bròn is fuath;
Mise 'n teann-ghlasan do chuing,
Braighdeanas tha claoidh mo threòir,
M'inntinn ga bloigheadh le h-òrd,
Còmhnadh m'an-shocair le smuain;
Togail cuibhrichean mo dhaorsa,
Dol mu sgaoil air thaod mo dheòin,
Rèiseadh steud-each air nach clòth
Eadar Pòland 's baile Chluaidh,
Cur mo bhàta bhàrr nan caol,
M'eilean fraoich aice fo sròin,
Dh'fhàilteachadh mo phàisdean òg,
Càirdean eòlach, 's bean mo luaidh.

Michael Davitt

Rust and Rampart of Rushes
For Máire

that time weaved
this way that way
over around
under
so that time past
was time before us
in the future
and that we were
one eternal summer evening
in a graveyard of old cars
wandering
among the ruins
of model t's
that there was rust on your hands
rust on your long white dress
that we were barefoot
penniless
sunburnt to the bone
that we were waved to
from the window of a train
returning from
the all-ireland final
in nineteen thirty-four
that we followed it awhile
along the line
home
to our green and secret wood
down in the lake's bed
where our rampart of rushes stood
that it was all melodeon music
porter by the medium
home-made bread on the table
that unknown persons
were shadows floating
between us and fate
that there were gaps of mystery to be painted
and verses to be added to our love
before the picture be
complete

Translated by Michael Hartnett and Gabriel Rosenstock

Michael Davitt

Meirg agus Lios Luachra
Do Mháire

gur imigh an t-am
mar seo mar siúd
sall timpeall
faoi
gurbh é an t-am a d'imigh
an t-am a bhí romhainn
sa todhchaí
is go rabhamar
tráthnóna síoraí samhraidh
i reilig seanghluaisteán
ar fán
i measc fothraigh
na *model t's*
go raibh meirg ar do lámha
ar do ghúna fada bán
go rabhamar cosnocht
beo bocht
griandóite go cnámh
go rabhthas ag sméideadh orainn
trí fhuinneog traenach
a bhí ag filleadh
ó chraobh na héireann
i naoi déag tríocha ceathair
gur leanamar í tamall
feadh an iarnróid
gur fhilleamar abhaile
ar an gcoill rúnghlas
thíos ar ghrinneall locha
mar a raibh ár lios luachra
go raibh ceol mileoidin in uachtar
mediums pórtair á n-ól
arán tí ar bord
go raibh pearsana anaithnid
ina scáileanna ar snámh
idir sinn agus dán
go raibh bearnaí mistéireacha le dathú
agus véarsaí le cur lenár ngrá
sara mbeadh an pictiúr
iomlán

Burning
For Liam

Our words
are flames spurting
from a bolted cellar;
or, footsteps
rattling a fire escape;
occasionally they stand
within hearing distance
anonymous
in yellow oilskins.

Through the smoke of our corner
we are fusing sense and rhythm,
a libretto for the ringing
chords of the night.

Dublin, January '83

Translated by Dermot Bolger

Ag Dó
Do Liam

Lasracha aníos
as siléar príobháideach
ár bhfocail; nó,
coiscéimeanna
ar staighre éalaithe;
uaireanta eile, seasaid
fad éisteachta uainn
gan ainm
i gcótaí buí aidhl.

Inár gcúinne toitcheoch
cuirimid rithim le brí,
leabhróg le ceolánacht
na hoíche.

Baile Átha Cliath, Eanáir '83

Satisfaction

A black heretic attacked me with steel nails on the tops of his fingers when the secret language was not understood. My friends all said that I should ignore him, that I should not reply. Yet silence leaves the censure in place, and an attack demands the satisfaction of a counter-attack – thus says the poetic tradition. Since the battlefield is on paper I will read a destructive censure that will lay bare my enemy, I will cut a stick that will threaten my opponent so much that the lying hero will be exposed and defeated.

A Lie

I listen to myself telling tall tales and yarns, hurling on the ditch of non-belief. Weighing like the late-night gambler every clever phrase and proverb, I know well the game of the boundary, I play with both sides and keep the score. I give suitable hints and recognize my own kind. I weave my own spider's web, and then I am the fly that gets trapped therein. I set my course like a blind boatman without a rudder on a sea of lies.

Ídiú Cantail

Eiriceach dubh gan iúl thug fogha fúinn,
Ingne cruaiche ar bharr na gcrúb,
Tráth nár scaoileadh na geasa rúin.
Neamhshuim an chomhairle gach n-aon do mhúin
Éitheach a thabhairt –

Ní ceadmhach sin.

Ceileann ciúnas fuíoll an cháinte,
Éigníonn ionradh athfhogha faoi shásamh,
Amas is dual d'oidhre na bairdne;
Láthair an chatha ós í ríocht an pháir í,
Léifead léirscrios fheannfas namhaid;
Ach maide den mheá ceart bainfead láithreach
Is craithfead go bagrach os a chionn go hard é,
Gaiscíoch na mbréag go leagfad ar lár leis.

Bréag

Bím dom fhaire féin
Ag dea-chaint, ag bladaráil;
Iománaíocht ar chlaí
An easpa chreidimh.

Ag cóiriú, ag meá,
Mar chearrbhach san oíche,
Nath cainte cliste,
Nó seanfhocal cuí.

Maith mar a thuigim
Cluiche na dteorann,
Liomsa an dá thaobh
Go bhfeicim an scór.

Noda don eolach
Á stealladh go fial,
Cáilíocht na gciaróg
Agam gan fiar.

The Madman

They let him out when he learned the rules of the game to their satisfaction.

They set him free from the glass box which they had carefully built around him.

They clothed his body which did not follow their ways, and made a feather bed in their wild world for someone who knew only to sleep outside.

Nead damháin alla
A shníomhaim le fonn,
Mise an chuileog
A théas i bhfastó.

Rianaím mo chúrsa
Mar leathbhádóir caoch,
D'uireasa stiúrach
Ar fharraige bréag.

An Gealt

Scaoil siad amach é
nuair a d'fhoghlaim sé

Rialacha an chluiche
chun a sástachta.

D'fhuascail braighdeanas
an bhosca ghloine

Tógadh le cúram
ina thimpeall.

Éadaíodh an cholainn
nár chleacht a nós.

Rinneadh leaba chlúimh
san alltacht istigh

Don té nár thaithigh ariamh
ach codladh amuigh.

     Angus Peter Campbell

Machrihanish

The screeching of seagulls in the air,
Ireland and Iona on the distant horizon,
the evening mist already lying on Islay
and now descending on the low machair
of beautiful Kintyre.

And there, alone, at the edge of the pool
stood a rod-fisherman in utter solitude,
reeling trout to the water's edge
in order that man could have sport and food.

All that could be heard was the plop of the baited hook
constantly sinking and rising,
and now and then the gulping of a distant gannet
gathering a meal unto itself in that remote backwater.

About midnight the full moon emerged
and altered the shape of things,
so that the fisherman became but the mere shadow
of a living man at the very edge of the machair,
on which there was now no barley or grass or ducks,
or streams or lochs or trout or salmon
or a living soul or a bird on shore
but only a thick mist and the baited hook
flashing like a beacon over the machair,
on which there now stood
in gluttonous hordes
a thousand steel-winged gannets.

One Sunday Night in Edinburgh

I kissed you in the pouring rain
on an autumn night in Edinburgh,
O innocent Linda from New Jersey:
the salt was sweet on your lips
the one minute we were together,
but that minute was a wonder:
your breasts firm under your green jersey.

Machair Shanais

Sgreuchail fhaoileagan san àile,
Eirinn agus Eilean I air fàire,
ceò a' chiaraidh a' laigh' air Ile
's a' tuiteam sìos air machair ìseal
àlainn Chinne-Tìre;

an sin na aonar aig oir na linne
bha iasgair-slaite leis fhèin sa chruinne
a' slaodadh bhreac gu bàrr na tuinne
gus spòrs is biadh a thoirt do mhac an duine;

cha chluinneadh tu ach plub an dubhain
dol fodha 's a' tighinn an àird gu suthainn,
's an dràsd' 's a-rithist slug an t-sùlair
cothachadh lòin dha fhèin sa chùil ud;

mu mheadhan-oidhche dh'èirich gealach
a chuir caochladh air an t-sealladh,
's cha robh san iasgair ach am faileas
de dhuine beò air oir a' mhachair,
air nach robh eòrna, feur neo lachain,
allt neo loch neo breac neo bradan,
neo iasgair beò neo eun air cladach
ach ceò is dubhan dearg mar shanas
is sùlair mòr le itean stàilinn.

Aon Oidhche Dhòmhnaich an Dùn Eideann

Phòg mi thu anns an dìle dheàrrsach
air oidhche foghair an Dùn Eideann,
O Linda neo-chiontach às New Jersey:
bha an sàl milis air do bhilean
an aon mhionaid bha sinn còmhla,
ach bha mhionaid sin na h-uabhas:
do chìochan cruaidh fo d'gheansaidh uaine.

I see you now in my dream –
brown eyes and black curly hair
pouring in the dripping rain
down to the green temptation of your shoulders,
and your red lips promising me
the proud eternity of youth,
with the wonderful word 'Boston'
being whispered in my ear.

O America, and your sweet lips
wet-kissing me in Edinburgh;
the world pouring on us from the heavens
one Sunday night in Edinburgh.

From Dumfries: 1957

You came home
on a burnt autumn afternoon
when the world
was cracking with heat,
when the tar
was melting on the road.

We saw you in the distance
shimmering in the heat-haze,
descending the hill
down at Cnoc Taigh nam Muc,
swimming towards us in the sun.

The palm of a hand ran through my fair hair,
the wage of the song had arrived.

Chì mi 'n dràsd' thu na mo bhruadar –
sùilean donn is d'fhalt dubh dualach
a' sruthadh san uisge dhrùidhteach
sìos gu buaireadh uain' do ghuailnean,
's do bhilean dearg a' gealltainn dhòmhsa
na bith-bhuantachd òig uaibhrich,
leis an fhacal mìorbhail 'Boston'
air a chagairt na mo chluasan.

A, Ameireagaidh, agus do bhilean milis
gam phògadh fliuch ann an Dùn Eideann;
an saoghal a' dòrtadh oirnn às na speuran
air aon oidhche Dhòmhnaich an Dùn Eideann.

As Dùn Phris: 1957

Thàinig thu dhachaigh
air feasgar loisgte foghair
nuair a bha an saoghal
a' sgàineadh san teas,
nuair a bha an teàrr
a' leaghadh air an rathad.

Chunnaic sinn thu nad fhroidhneas
anns a' chrith-theas,
a' cromadh a' bhruthaich
shìos aig Cnoc Taigh nam Muc,
a' snàmh thugainn anns a' ghrèin.

Thàinig cròg am measg m'fhuilt bhàin,
thàinig tuarasdal an dàin.

Louis de Paor

Swallows

Two sunny days hard on each other's heels
at the arse-end of Spring,
during the annual rising of the dead,
the people of Ireland are sunstruck,
behaving like Europeans.

Schools are closed for the first time
since water-pipes burst in January snow,
men who should know better
untie shoelaces and take the radio out
to the cleanshaven backgarden.

The musk of mothballs is scoured
from old pine wardrobes
as peacockpride in a woman's eye
lights a rainbowful of summer dresses;
a hurling commentary mixes with the hullabaloo
of children gone beyond themselves
in games with no rules.

Boys bare their chests
hairless and colourless
as Harlem rhythms guide their steps
down the tight streets of Limerick,

and each and every girl,
young, old, tall, small, fat, thin, pregnant,
freckled, pale, smiling,
is a tropical tattoo
on the homely arms of the city
catwalking in front of the sun.

Fáinleoga

Dhá lá gréine ar shála a chéile
as tóin chaoch an Earraigh,
tráth aiséirí bliantúil na marbh,
imíonn muintir uile Éireann le haer
glan, le gothaí solasta
chiní deisceart Eorpa;

dúntar scoil don chéad uair
ó bhris na píobáin
le linn sneachta Eanáir,

scaoileann fir stuama
iallacha snasta a mbróg
is tugann leo an raidió
amach sa gharraí nua-bhearrtha cúil;

glantar boladh magairlí leamhan
de sheanvardrús giúise
is soilsíonn uabhar péacóige
i súil bhanúil
lán bogha báistí de ghúnaí samhraidh;

meascann tráchtaireacht iomána
le liútar imeartha leanaí do-cheansaithe
i mbun cluichí riartha gan rialacha,

nochtann buachaillí craiceann cléibh
gan chlúmh, gan dath,
rithimí gorma Nua-Eabhrac
ag stiúradh a siúl díreach
síos sráideanna tíre Luimní,

is gach cailín óg, críonna,
ard, íseal, ramhar, seang, torrach,
breicneach, mílítheach, déadgheal,
ina tatú teochreasach
ar ghéaga muinteartha na cathrach,

agus ó na cuair is iad ag máirseáil ar aghaidh na gréine.

. . . leave a candle behind you ahead of me
in the broken sitting-room window and
I'll stop limping in the rain on
this holy troublesome journey
scavenging in mud
for contentious bones,
I'll come back when it's all over
down the chimney with a sackful of soot,
my blackened wishes unfulfilled
clutched in unsteady arms,
a marble pipe in my fist
to smoke away grey days
gathering moths,
knitting socks from colourful woolly memories,
making ready for the next stage
travelling through snow
down a bushy road
following your footprints
to a jar of light and ashes
where the air is calling my name.

. . . fág coinneal romham ar lasadh id dhiaidh
i bhfuinneog bhriste an tseomra suí
is scoirfidh mé den bhacaíl sa bháisteach
dem oilithreacht bheannaithe bhligeardaíochta
ag cuardach cnámh spairne sa láib,
fillfidh mé ón mbiaiste fánaíochta
an simné anuas ar mo stáitse,
le mála lán de shúiche
mo mhianta dorcha gan chomhlíonadh,
brosna smiotaithe mo bhrionglóidí sráide
cnuasaithe im bhaclainn mhístuama
is píopa marmair im dhóid
lem laetha liatha a chaitheamh
gal ar ghal ag cnuasach leamhan,
ag cniotáil stocaí de chuimhní ildaite olann,
ag prapáil méara mo chos
don aistear síoraí sneachta
an bóithrín sceachach siar,
ag comhaireamh lorg do chos anonn
go dtí an próca solais is luatha
a bhfuil m'ainm á ghairm
ag an aer isteach ann.

In the Station

Off you go, you who think
That you are setting out.
It is easy for you to believe inside
That the train is moving smoothly.

And when the train beside you is
Almost gone out of the station – an old trick
That is played on us all from time to time –

Close your eyes and listen
To the song of the wind changing into a sharp
Whistling and the song of the iron growing
Abstract. You will hear the child
Shrieking in the tunnel
And the train's swaying will make you dizzy
And you will be alive for a while –

Terror in the pulse, emptiness in the belly,
The light of death burning in the heart.
You will be able to weld the time that is before you
Onto the time that is past.
The present tense will have arrived.

Crows on the storm, you will be swept
Back and forth in the carriage,
And if you keep your eyes closed
You will not see me sitting under the sign
That says NEWTOWN, me staring in
At you as you sit listlessly,
Not stirring yet out of your future tense.

Wake

The night as quiet as a stone
at the edge of a lake:
wind barking, trees troubled.

The night as quiet as a stone
on a bare road:
chimney coughing, door under siege.

Sa Stáisiún

Ar aghaidh libh, sibhse a cheapann
Go bhfuil sibh ag cur chun bóthair.
Is furasta díbh a chreidiúint istigh
Go ngluaiseann an traein go réidh.

Agus nuair a bheidh an traein in aice libh
Beagnach imithe as an stáisiún – sean-chleas
A imrítear orainn go léir ó am go chéile –

Dúnaigí bhur súile agus éistigí
Le ceol na gaoithe ag athrú ina ghéar-
Fheadaíl agus ceol an iarainn ag éirí
Teibí. Cloisfidh sibh an páiste
Ag screadaíl sa tollán agus cuirfidh
Luascadh na traenach mearbhall oraibh
Agus beidh sibh beo ar feadh tamaill –

Scanradh sa chuisle, folús sa bholg,
Solas an bháis ar lasadh sa chroí.
Beidh sibh in ann an t-am atá romhaibh
A tháthú ar an am atá thart.
Beidh an aimsir láithreach tagaithe.

Préacháin ar an ngarbhshíon, scuabfar
Anonn agus anall sibh sa charráiste,
Agus má choimeádann sibh bhur súile dúnta
Ní fheicfidh sibh mise im' shuí faoin bhfógra
Adeir AN BAILE NUA, mise ag stánadh isteach
Oraibh agus sibh in bhur suí gan bhrí
Gan bogadh fós as bhur n-aimsir fháistineach.

Faire

An oíche chomh ciúin le cloch
          ar imeall locha:
gaoth ag tafann, crainn buartha.

An oíche chomh ciúin le cloch
          ar bhóthar nocht:
simléar ag casacht, doras á ionsaí.

The night as quiet as a stone
a summer's day on a hill:
my father dead, candles pared.

Pilgrimage

Do not return to the path of your youth,
Do not return, do not return:
The flower by the road is a weed now,
The wood is a copse.

Do not stay in bed in the room
Where grew the plant
That left you a withered dream
Without blood, without blood.

Do not search a frozen stream
Hoping your boat of reeds
And its boatman are not
Long ago beyond the seas.

The ash cannot be burned,
The sprout regerminated,
Or time's field dug
With the spade of defiance.

Nothing happens twice
Like that, like that:
But a living word can be
Placed in the womb.

Do not leave a hand on the ghost of youth,
Do not leave, do not leave:
Welcome each twist in the road before you,
Look east, look east.

An oíche chomh ciúin le cloch
          lá gréine ar chnoc:
m'athair marbh, coinnle scúite.

Oilithreacht

Ná fill ar chosán d'óige,
Ná fill, ná fill:
Is fiaile anois an bláth cois bóthair,
Is ros an choill.

Ná fan i do luí sa seomra
Inar fhás an luibh
A d'fhág agat brionglóid feoite
Gan fuil, gan fuil.

Ná cuardaigh sruthán reoite
Ag súil nach bhfuil
Do bhád giolcaí is a bhádóir
Fadó thar muir.

Ní féidir an luaithreach a dhó,
An phéach a athghin',
Nó gort an ama a rómhar
Le rámhainn an ghrinn.

Ní tharlaíonn dada faoi dhó
Mar sin, mar sin:
Ach is féidir briathar beo
A chur sa bhroinn.

Ná lig lámh ar scáil na hóige,
Ná lig, ná lig:
Beannaigh romhat gach cor sa bhóthar,
Féach soir, féach soir.

Myles Campbell

Between Law and Laughter

This poem without shame
walks the edge between law and laughter,

growing like a tree in the light of the sun,
the leaves dancing where they like,
and the trunk growing where it must:

growing in the gap between law and freedom,
while we know that freedom is nothing but this:
those laws that are hidden from man.

And at last we come to the conclusion
that a veil of ignorance covers our eyes.

Two Voices

You and I have two voices,
Christ's and Cu Chulainn's,
one obedient, one rebellious,
one nobly meek,
one nobly valiant,
one that Nietzsche accepted,
one he stamped underfoot:
seeing love, honour, humility
as what corrupted the spirit
and mind of Europe's people,
leaving them soft and dependent.
But his heroism was of no avail.
He died on his own cross,
that bright mind
completely mad.

Eadar Lagh agus Gàire

Tha an dàn seo gun nàire
a' coiseachd na h-oir eadar lagh agus gàire,

a' fàs mar chraoibh ann an solas na grèine,
na duilleagan a' dannsa far an fheàrr leo,
's an stoc a' fàs far an èiginn:

e fàs sa bheàrn eadar lagh agus saorsa
agus fios againn nach eil ann an saorsa ach seo:
na laghan sin tha am falach o dhaoine.

'S mu dheireadh thig sinn gun cho-dhùnadh
gu bheil sgàile aineolais air ar sùilean.

Dà Ghuth

Tha dà ghuth annadsa agus annamsa,
Crìosda agus Cù Chulainn,
aon umhail, aon ceannairceach,
fear uasal an irioslachd,
fear uasal an calmachd,
fear a ghabh Nietzsche ris,
fear a stamp e fo chasan:
e faicinn gràdh, urram, ùmhlachd
mar nithean a thruaill spiorad
agus inntinn sluagh na h-Eòrpa,
gam fàgail bog, eisimeileach.
Ach cha do rinn a ghaisge feum dha.
Bhàsaich e air a chrann-ceusaidh fhèin,
an inntinn shoilleir ud
glan às a ciall.

Two Loves

My blood is red, I know that.
The other night we stood in the cold,
cut by the lancing stars.
It was behind the school. Your legs
were open, but in the end I turned away.
It was not high principles that made me turn
but just the fear of leaving you with child,
you who were the ugliest in the parish,
and my love, my white lily,
at the other end of the village,
not caring though I were in Hell,
full of honour and tight thighs.

The Lips

This time it was the lips
as she stood before me in the clothes shop
and I wanting trousers –
the pretty trim-bodied girl,
fair curls falling on her shoulders,
selling men's clothes.

They were pink and round and ready
to speak, they so full, she
so shy so calm so kind
and I so bare feeling
before her among the clothes
buying trousers. With an old suit,
somewhat ragged, and my nails uncut,
feeling dirty, old; she
young, so cleanly clothed,
I wanting in her presence
a covering, before her bare,
she without clothes, the angel
with trousers.

Tha m'fhuil dearg, tha fhios a'm air sin.
An oidhche roimhe sheas sinn anns an fhuachd,
lannan nan reul gar gearradh.
Air cùl na sgoile bh' ann. Bha do chasan
fosgailte, ach mu dheireadh thionndaidh mi air falbh.
Cha b'fhìor bheusan a thug orm tionndadh
ach dìreach an t-eagal gu fàgainn thu le leanabh,
thusa a bu ghràinde anns an sgìre,
agus mo ghràdh, mo lili bhàn,
aig ceann eile a' bhaile,
's i coma ged a bhithinn an taigh na sad,
làn de dh'onair is de shlèisdean teann.

Na Liopan

An uair seo 's e na liopan a bh' ann,
anns a' bhùth-aodaich i 'na seasamh
fa mo chomhair 's mi 'g iarraidh briogais –
caileag bhòidheach na bodhaige cuimir,
na cam-luban bàn a' tuiteam mu gualainn
's i reic aodach fhear.

Bha iad pinc agus cruinn agus deiseil
gu bruidhinn, iad cho làn 's i
cho diùid cho ciùin cho còir
's mise cho lom a' faireachdainn
fa comhair am measg an aodaich
a' ceannach briogais. Seann dheise orm,
caran robach, 's m'ìnean gun ghearradh,
a' faireachdainn salach, sean; ise
òg, cho glan air a h-èideadh,
's mise ag iarraidh 'na làthair
còmhdach, fa comhair mi lom,
ise gun aodach, an t-aingeal
le briogais.

Empty Letter

If you came back (or so I say –
and surely it's a lie),
I'd never again buy
strumpet or villain;
if you rescued me for a while,
with your coming and your talk,
from drinking with enemies and fools,
from endless self-pity and greed;
from the night too lonely and too honest –
O my love with your black hair seagull-bright –
and from the soft lies my heart tells
against the derision of the dark.

If you came back to me, would I take a job –
mean, well-paid, secure –
to give us time and drink,
and buy back our fill of courage?
I'm not that strong, my strong one,
but I would be talking with you,
and sometimes lying again
warmth to warmth with you in a bed.

If you came back, I say,
and it's no lie,
my grief would grow more modest,
and I wouldn't be so often alone.

Litir fholamh (literally, 'an empty letter'): 'a letter without money
(as received from emigrants by their relatives)' – Dinneen.

Litir Fholamh

Dá dtiocfá ar ais, deirim,
agus tugaim dearbh-éitheach,
ní cheannóinn arís
méirdreach ná méirleach;
dá slánófá mise tamall
led theacht is led chaint
ó bheith ag ól le namhaid is óinseach,
ó mo shíor-fhéintrua agus mo shaint;
ón oíche ró-uaigneach, ró-ionraic,
a cheann dubh mar an fhaoileann,
is ó bhréaga boga mo chroíse
i gcoinne fonóide na hoíche.

Dá bhfillfeása chugam, an dtógfainn post
suarach, saibhir, seascair,
chun am is leann a thabhairt dúinn
agus misneach ár ndóthain d'athcheannach?
Nílim chomh láidir san, a neart,
ach bheinn ag labhairt leatsa,
agus amanntaí im luí arís
teas le teas leat i leaba.

Dá dtiocfá ar ais, deirim,
agus ní thugaim éitheach,
d'éireodh mo chumha níos náirí,
is ní bheinn chomh minic im aonar.

Sticking out from your pocket,
a tin-whistle. Just one inquisitive
Dutchman. Then suddenly
you set the music jumping
The Boys of Blue Hill and Planxty Drury
that put a stop to the juke-box
the whole pub was dancing with us
you'd launched the drinkers
into full sail of music:
they'd never in their Lowlands
tasted such love before.
Amsterdancing for ever, friend:
dit orgel heeft in Kapstad gespeelt. *

In the Regent in Leeds there was just one
lonely Englishman, bar us. Lemonade was the strongest
Cathal would drink but he had Planxty Johnson
forever, Liam Óg was there
and Sligomen in town and others making music besides them
and others drinking, and all of us gulping down the music:
I said to Francey in the jax:
"Here we are," and he took the words out of my mouth
"in the heart of England" –
"in the heart of Ireland," said I correcting him –

Miscorrecting him, mo léan géar:
"It looks as if," said Vladimir Ilyich once,
"we'll have to go underground again." And that's
the way it looks now, dear heart:
but aren't we a people well-trained
to that trick, to that music?
We may come to lose the music of our words,
we may lose everything soon –
except a tin-whistle or two.

Played this organ in Capetown

Leeds nó Amsterdam

I do phóca, ag stánadh amach,
feadóg stáin. Ollóineach súgach
fiosrach amháin. Ansan go hobann
chuir tú preab sa gceol
The Boys of Blue Hill agus Planxty Drury
cuireadh deire leis an *juke-box*
bhí an teach go léir ag damhsa linn
bhí lucht an óil seolta agat
fé lán-cheol agat:
níor bhlaiseadar riamh, ina dTír-fó-Thoinn,
a leithéid de ghrá.
Amsterdamhsa go deo, a chroí,
dit orgel heeft in Kapstad gespeelt. *

Sa Regent i Leeds má bhí Sasanach uaigneach
amháin ann, b'in an méid. Ní raibh deoch ba láidre
ná liomonáid bhuí ag Cathal ach bhí Planxty Johnson
go deo aige, bhí Liam Óg ann
agus Sligomen in town, agus lucht ceoil nach iad
agus lucht óil nach iad, an ceol á shlogadh siar againn:
arsa mise le Francey i dteach an asail:
"Here we are," agus thóg sé na focail as mo bhéal
"in the heart of England" –
"in the heart of Ireland," arsa mise á cheartú –

Á mhí-cheartú, mo léan géar:
"It looks as if," arsa Vladimir Ilyich, tráth,
"we'll have to go underground again." Agus tá
an chuma sin air anois, a chroí:
ach nach muidne atá cleachtaithe
ar an gcleas úd, ar an gceol úd?
Seans nach mbeidh ceol na mbriathar fágtha againn,
seans nach mbeidh fágtha againn go luath
ach feadóg stáin.

**Do sheinn an t-orgán seo i gCapetown*

 Rita Kelly

Love Poem

(a) Your voice sounds

Your voice sounds
radiant
at lunchtime.
A time of breaking bread.
Even the day pauses
before turning
to the next part: afternoon, evening . . .
The day does us a favour
when it accepts graciously
the next day that is coming.

Our reason for delight is
that every day is today,
and that each conversation
between us
is the conversation
we are having now,
this minute.

(b) You are a gift of morning

You are a gift of morning –
the way it creates you,
voice, a little movement, movement,
a delightful change of breathing.
Morning is so delicate with you,
a line, an outline, a real outline –
she draws you back out of the night,
she does it so gently, so quietly,
steady and unruffled.

Then the morning creates the branches
of the trees at your window,
and she starts your dog barking.
We create and nurture each other
in the affectionate influence of morning.

Dán Grá

(a) Sonann do ghuth

Sonann do ghuth
gealgháireach
am lóin,
am briseadh aráin –
glacann an lá sos
sula gcasann sé
chuig a chéad mhír eile.
Déanann an lá rud orainn
nuair a ghlacann sé
go fial
leis an lá atá le teacht.

'Sé fáth ár n-aoibhnis ná
gurb ionann chuile lá
agus inniu
agus gurb ionann chuile chomhrá
agus an comhrá
atá á chothú againn
anois
láithreach.

(b) Is bronntanas na maidine thú

Is bronntanas na maidine thú –
an chaoi ina gcruthaíonn sí thú,
guth, mion-ghluaiseacht, gluaiseacht,
athrú aoibhinn anála,
tá sí mar mhaidin chomh leochaileach leat,
líne, imlíne, fíorimlíne –
baineann sí thú aniar as an oíche,
chomh séimh sin is a dhéanann sí é,
chomh ciúin, socair.

Ansin cruthaíonn sí briongláin na gcrann
os comhair na fuinneoige
agus griogann sí an madra chun tafainn . . .
cruthaíonn agus cothaíonn muid a chéile
i gcomhairle agus i gcion na maidine.

But evening takes you
back again,
you must turn at the door
and drive back the road
which stretches between us,
that same road
which leads to me and away from me
in the same movement.

But the mornings are miraculous,
the entire day and night
are woven into them
limitlessly.

Frost Poetry

The moon lies in the freezing river
and casts light,
the actual moon rises and glisters
through the thin grasses.

Alder twigs stand stiff
against the night wind,
there is a white frost-growth on the oars –
pseudo-silk –

frost poetry
chills us to the bone.

Glacann an tráthnóna thú
ar ais, arís,
nuair is gá duit
casadh ar leac an dorais
agus tabhairt faoin mbóthar
atá le dul eadrainn,
an bóthar céanna
a shíneann chugam agus uaim
in aon síneadh amháin.

Tá na maidineacha chomh míorúilteach sin,
tá an lá ar fad agus an oíche
fite iontu
gan chuimse.

An Ré ina Luí

An ré ina luí san abhainn shioctha
ag cur solais,
an tsamhail íon féin ag éirí
trí na tráithníní tanaí ag glioscarnach.

Sreanga stalctha na fearnóige
i gcoinne leoithne oíche,
an bréagfhás bán ar na maidí rámha
ina shíoda saorga –

filíocht an tseaca a chuireann fuacht ionainn
go feirc.

Norman Campbell

Still Here

The day before, pole-axed by hooch . . .
yesterday, a thing of shreds and patches . . .
I thought to myself this morning
that hatching a hen-chick like me –
born to be snipped and strangled –
was not worth the effort.

Yet now in a half-sleep turning
and finding you still beside me,
I would ask for great bagpipes to be tuned
and to dance to the end of my days!

Translated by Alasdair Campbell

To Finlay MacDonald, St Kilda

Finlay MacDonald –
before this summer night falls –
that island is west of us still;
and still the beautiful solan goose returns
to Stac an Lì
and Stac an Armainn;
jagged is Borarary, dark its shadows,
rising out of an angry sea.

And Levenish is there as always;
An Dùn, the bay and your village –
a change has come over the street that was yours.

But still round Oiseabhal and Conachar
the great gusts are blowing,
sweeping sometimes down their slopes
to shores and steep rocks . . .

O where you and the heroes climbed,
there is a silence tonight, my friend;
and the bird that keeps the night watch
can safely sleep now.

Thusa Ann Fhathast

A' bhòn-dè bhuadhaich mac na braiche,
an-dè gur truagh a bha mi dheth;
smaoinich mi an-diugh sa mhadainn
nach b'fhiach an t-saothair dhol a bhreith
isean circe dha mo sheòrs'
a thoill a spoth 's a' chroich thoirt air.

Ach an dràsda 'n tionndadh cadail
's tusa fhathast ann am chòir,
dh'iarrainn pìoban mòr bhith gleusda
's danns' gu ceann mo rèis 's mo lò!

Dha Fionnlagh MacDhòmhnaill à Hiort

A Fhionnlaigh MhicDhòmhnaill –
mus tuit an oidhche shamhraidh seo –
tha 'n t-àit' ud an iar oirnn fhathast;
is fhathast thig an sùlair' àlainn
gu Stac an Lì
is Stac an Armainn;
's gur corrach Boraraigh, dorch a sgàilean,
ag èirigh àrd à fairge ghreannach.

'S tha Leibhinis an siud mar bha;
an Dùn, am bàgh is baile d'àraich –
thàinig caochladh air an t-sràid a bh' agaibhs'.

Ach fhathast mu Oiseabhal is Chonachar
tha na gaoithtean mòr a' sèideadh;
a' sguabadh uairean sìos an slèibhtean
gu cladaichean is creagan casa . . .

O far na shreap thu fhèin 's na seòid,
tha sàmhchantas a-nochd, a charaid,
's an t-eun a bhiodh a' caithris oidhch',
faodaidh e le saorsainn cadal.

Conversion

On the great big holy day,
instead of brooding on the Almighty,
this renegade was on my mind,
and I recalled his high career
on wayward paths of drunkenness –
an eye to the east, a foot to the west –
a strong lad
with a style of his own.

And a message fluttered my way
couched in dark mysterious words:
I heard that in the deepest midnight
he'd heaved over, deeply groaning –
and ere daybreak, the fleeing of shadows,
he erupted like a gigantic gulping cod
from the bedside
and informed all those within earshot
that he was saved now,
free from sin.

Farewell the teller of a thousand tales:
truth or lies – who cared,
so long as they were worth the telling?

Farewell the black dancer of reels,
singer of songs, player of bagpipes –
sad my lament for you tonight.

Farewell the drinker of great drams,
no begrudger of brimming bumpers –
you're on your biggest piss-up yet!

Atharrachadh nan Gràs

Air latha mòr a' mhòr-chràbhaidh,
an àite meòrachadh air Dia,
bha 'm fineach seo a' tadhal m'inntinn,
's chuimhnich mi mar bhiodh a thriall
air slighean annasach na dibhe –
sùil gon ear is cas gon iar –
cinneach treun
le dhòighean fhèin.

Is thàinig teachdaireachd am ionnsaigh
ann am briathran dìomhair dorch –
chuala mi gun d'rinn e tionndadh
meadhan-oidhch' le osnaich throm –
's ro bhriseadh faire, sgaoileadh sgàilean,
chunnacas e ri tighinn an àird'
mar bhiast de throsg ag òl na gaoith
o thaobh na leap,
's dh'innis e dhaibhsan a bha làthair
gu robh esan air a theàrnadh
saor on olc.

Slàn le fear na mìle sgeulachd,
biodh i fìrinneach no breugach
fhad 's a b'fhiach i h-innse.

Slàn le dannsair dubh na ruidhle,
fear nan òran 's ceòl na pìoba –
truagh leam bhith gad chaoidh a-nochd.

Slàn le pòitear còir nan searrag,
fear nach sòradh làn na glainne –
cha robh daorach ort gu seo.

The Men's Club

A tiny, distant detonation
And there they were
In an armchair pastoral,
Detained by half-ones.

This was on Saturday.
They still haven't moved.
Caught on the cusp of the week,
They doze on the horns

Of this week's chat
About last week's dilemma,
Of having to thole
Missing this or that hole.

They have been heard to say
That the one who got away
Was unplayable and couldn't play
And was never a member anyway.

Midnight Matinee

Darling,
As the bullets sing
And the sheriff's sting
Is outdrawn,
Don't
Turn the page. Sure thing,
The cavalry will dawn
On the horizon,
And Dian Céacht's wings
Won't be clipped
Until he's dead.

I ask no mercy.
If Suibhne's caught
On the hop
In a cloud of Injuns,
Don't let
Your pen be dipped
In pandemoniums.
I have the gamut
Of five streams,
English and other channels,
And a pistol to boot.

Club na bhFear

Tharla mionphléasc fann
Is de phlimp bhíodar ann,
I ngleann seo na gcathaoireach uilleann
Is na leathcheann.

Níor bhogadar ó shin
Dé Sathairn

Is ní ann dóibh ó Luan go hAoine.

I bhfaisean nua na bliana
Seo caite
Tráchtar ar an gceann a d'éalaigh
Is nár aimsigh poll
Is nár bhall sa gcéad áit é.

Midnight Matinee

Má loiceann an sioraif is na piléir á gcáitheadh linn,
A chroí, ná hiompaigh an leathanach.
Beidh an *cavalry* chugainn is níor chás le Dian Céacht
Goin nach marfach.

Má tá Suibhne i sáinn is Rua-Indiaigh gach taobh de,
Ná gléas do pheann chun gaiscíocht';
Mo phiostal im ghlaic is rogha na gcúig gcainéal agam,
Ní éilím carthanacht.

Still, if the Duke
Catches with his eye
Deirdre of the Sorrows,
Don't be sly and knowing.
Lost love may look
As though all the glamours
Were its own. But try
To escape that mood
And remember love's solitude.

Darling,
As we watch over and over
The old story of lover
And lover,
Don't
Switch the light of my heart
Like a TV channel,
Or ask the new Naoise
In the old part
For a perfect future
That is beyond my art.

Translations by Seamus Deane

Ach má dhearcann an Diúc Deirdre na nDeor,
Ná caoch do shúil eolgaiseach.
Más glórmhaire féin grá éagmaise,
Cuimhnigh gur uaigneach.

Is le hathchraoladh ár seanghaoise
Má chastar ort Ath-Naoise,
Ná leag uait cnó mo chroíse
Mar dhinnéar teilifíse
Le dúil i bhfíon na tairngreacht'.

      Tomás Mac Síomóin

From Achadh Mhoirnín

Le rien embellit ce qui est (Baudelaire)

The herb of the sun springs from the root of nothingness,
truth is nourished by the honey of deceit,
like the loose thread in a weave of Greek logic
an empty socket winks in the eye of the maiden . . .

Refuted for ever in your verse stands the irrefutable,
verified for ever – the unverifiable.

O Queen of the lie,
O chalice of my province,
if your secret waxes holy
under a tight lock of clay,
cursed is bright form,
the flowers are withered
in the garden of my dream.
There is an end at last
to mendacity of hope!

May your soft hand set swaying then
the clear tune of the harp
and carry my soul
to the hell of your solace,
carry my bones
to your paradise of sin . . .

Sound in this clay your copious harp,
pluck frenzied syllables from a harp without strings,
shed on me the ice tear from your flame's quiet heart,
salt of your bone, golden honey of your loins,
O crystal that surpasses crystal,
O heart-centre of the lie.

Weld its whisper to each life-emanation,
leaf to tree in the wood of desires,
metaphor of dance to metaphor of stasis,
algebras of reason to the primal number,
the pure stalk of honey
to its vacant root.

As Achadh Mhoirnín

Le rien embellit ce qui est (Baudelaire)

Lus na gréine as fréamh na neamhní fásann,
ar mhil an éithigh fírinne beathaítear,
dála lúb ar lár i loighicfhí Ghréige
mogall falamh i rosc na maighdine caochann . . .

Buanbhréagnaithe it rann an ní ná bréagnófar,
buanfhíoraithe it dhán an ní ná fíorófar.

'S a bhanríon na bréige,
a chailís mo chúige,
más beannaithe do rúnsa
fá dhochtghlas créafóige,
mallaithe srólchneas,
damnaithe cló geal,
dreoite gach pabhsa
i ngarraí mo bhrionglóid'.
Atá deire fá dheoidh le
deircínteacht an dóchais!

Luascadh do lámh leabhair
port léir an chláirsigh,
is beir leat m'anam
go hifreann do shóláis,
beir leat mo chnámha
go párrthas do pheacaidh . . .

Fuaimnigh go fuíoch do chruitcheol im' chrése,
staith siollaí go rábach as cláirseach gan téada,
dáil orm oighearbhraon as croí ciúin do laoma,
salann do chnáimh, mil óir do bhléine,
a chriostal na gcriostal,
a chroílár an éithigh.

Dlúthaigh cogar le gach saolphúscadh,
duille le bile i gcoill na mianta,
an meafar rinceach leis an meafar gan ghluaiseacht,
ailgéabar na gconn leis an uimhir bhunúsach,
gasán glé na meala leis
an bhfréamh fholúsach.

Send to me quickly Úna and Aoibheall.
Send to me Clíona, send to me Déirdre.
Send to me Cíobán, keening, tearful.
Set my reason among the handmaidens of your lie.
Weave the bright fire of their laughter
as a pure stream through my parched clay.

Fill the bellows of the wind with Aeolian harping,
jangle the branches of the wood of the symbols,
ebb and flow with the curse of the sun,
rip from the clay-thing deceits of meaning,
form my bone in the shape of your lie,
and multiply the bright forms of poetry's muses:
let Úna, Clíona, Aoibheall and Déirdre,
barelimbed, clear forms,
perform the dance of life
upon my acre's level place.

O let us build from the ashes of impossible destiny
a tower of lies to the sun . . .
Let us fold about it the cloaks of our senses,
layer upon living layer . . .

Let us praise for ever our original sin,
apple sweetness on the tongue of Eve,
in the decayed and bitter Gaelic
a lively lay, sparkling, leaping
to our defeat triumphant.

Seol chugam le luathas Úna is Aoibheall.
Seol chugam Clíona, seol chugam Déirdre.
Seol chugam Cíobán ag fáscadh déara.
Lonnaigh mo chiall 'measc bhandáil do bhréige,
figh tine gheal a gáirí
'na gléshruth trém' chailc-chré.

Líon boilg na gaoithe le reacaireacht Aeolus,
i gcoill na gcomharthaí bain creath' as géaga,
trá' agus tuiligh le mallacht na gréine,
strac ón gcrérud gach acalaois chéille,
múnlaigh mo chnámh i ngné do bhréige,
iolraigh gealchoirp bhé na héigse:
bíodh Úna, Aoibheall, Clíona is Déirdre,
éadrocht, géagnocht,
ag damsa saoil
ar bhlár mo léinsigh.

Ó tógaimís as gríosach na hoidhe ná féidir
gallán éitheach chun na gréine . . .
Fillimís uime brat na gcéataí,
sraith bheo ar shraith . . .

Móraimís go h-éag ár bpeacadh céadra,
mílseacht an ubhaill ar theanga Éabha,
i bhfriotal freagnaiseach feoite na Gaeilge –
laoi loinneardha lúfar léimeach
dár mbris chaithréimeach.

To My Mother

You were gutting herring in distant Yarmouth, and the salt sun in the morning rising out of the sea, the blood on the edge of your knife, and that salt so coarse that it stopped you from speaking and made your lips bitter.

I was in Aberdeen sucking new courses, my Gaelic in a book and my Latin at the tiller, sitting there on a chair with my coffee beside me and leaves shaking the sails of scholarship and my intelligence.

Guilt is tormenting me because of what happened and how things are. I would not like to be getting up in the darkness of the day gutting and tearing the fish of the morning on the shore and that savage sea to be roaring down my gloves without cease.

Though I do that in my poetry, it is my own blood that is on my hands, and every herring that the high tide gave me palpitating till I make a song, and instead of a cooper my language always hard and strict on me, and the coarse salt on my ring bringing animation to death.

Do Mo Mhàthair

Bha thus' a' sgoltadh sgadain
ann a Yarmouth fad' air falbh,
's a' ghrian shaillt sa mhadainn
ag èirigh às a' chuan,
's an fhuil air oir do sgine
's an salainn ud cho garbh
's gun thachd e thu o bhruidhinn
's gu robh do bhilean searbh.

Bha mis' an Obar-Dheadhain
a' deoghal cùrsan ùr',
mo Ghàidhlig ann an leabhar
's mo Laideann aig an stiùir,
'nam shuidh' an siud air cathair
's mo chofaidh ri mo thaobh
is duilleagan a' crathadh
siùil na sgoilearachd 's mo thùir.

Tha cionta ga mo lèireadh
mar a dh'èirich 's mar a tha.
Cha bu chaomh leam a bhith 'g èirigh
ann an doilleireachd an là,
bhith a' sgoltadh 's a bhith reubadh
iasg na maidne air an tràigh,
's am muir borb ud a bhith beucadh
sìos mo mhiotagan gun tàmh.

Ged a nì mi sin 'nam bhàrdachd,
's e m'fhuil fhìn a th' air mo làimh,
's gach aon sgadan thug an làn dhomh
a' plosgartaich gu 'n dèan mi dàn,
's an àite cùbair tha mo chànan
cruaidh is teann orm a ghnàth
is an salainn garbh air m'fhàinne
a' toirt beòthalachd don bhàs.

The many ships that left our country
with white wings for Canada.
They are like handkerchiefs in our memories
and the brine like tears,
and in their masts sailors singing
like birds on branches.

That sea of May running in such blue,
a moon at night, a sun at daytime,
and the moon like a yellow fruit,
like a plate on a wall
to which they raise their hands,
like a silver magnet
with piercing rays
streaming into the heart.

The Fool

In the dress of the fool, the two colours that have tormented me –
English and Gaelic, black and red, the court of injustice, the reason for
my anger, and that fine rain from the mountains and these grievous
storms from my mind streaming the two colours together so that I will
go with poor sight in the one colour that is so odd that the King himself
will not understand my conversation.

Na h-Eilthirich

A liuthad soitheach a dh'fhàg ar dùthaich
le sgiathan geala a' toirt Chanada oirre.
Tha iad mar neapaigearan 'nar cuimhne
's an sàl mar dheòirean,
's anns na croinn aca seòladairean a' seinn
mar eòin air gheugan.

Muir a' Mhàigh ud gu gorm a' ruith,
gealach air an oidhch', grian air an latha,
ach a' ghealach mar mheas buidhe,
mar thruinnsear air balla
ris an tog iad an làmhan,
no mar mhagnait airgeadach
le gathan goirte
a' sruthadh don chridhe.

An t-Amadan

Ann an aodach an amadain,
an dà dhath a thachair rium –
Beurl' is Gàidhlig, dubh is dearg,
cùirt na h-eucoir, adhbhar m'fheirg,
's an t-uisge mìn ud o na beanntan
's na mill dhòrainneach o m'inntinn
a' sruthadh an dà dhath ri chèile
gus am falbh mi air bheag lèirsinn
anns an aon dath a tha cho neònach
's nach tuig an Rìgh fhèin mo chòmhradh.

Untitled

One day
the typist was sick –

the company director
had to take the typewriter
into his own office

the letters
so disgusted him
that he tore them up
and wrote a poem

shortly after that
he left his job
and after that
his house
his wife
his kids

and now he's a poet

the poor fucker

Love Song for Vietnam

They said we were shameless
to celebrate our love
this devastation round us

the hawk hovering in the air
awaiting the smell of death

they said these were our own people
this the funeral of our people
that we should at least be solemn
if not sorrowful

Gan Teideal

Lá amháin
bhí an clóscríobhaí tinn –

bhí ar stiúrthóir an chomhlachta
an clóscríobhán
a thabhairt isteach
ina oifig féin

chuir na litreacha
an oiread déistin air
gur stróic sé iad
'gus gur scríobh sé dán

tamall ina dhiaidh
d'éirigh sé as a phost
'gus ina dhiaidh sin
a theach
a bhean
agus a chlann

agus anois
tá sé ina fhile

an fear bocht

Amhrán Grá Vietnam

Dúirt siad go raibh muid gan náir
ag ceiliúr ár ngrá
agus an scrios seo inár dtimpeall

an seabhac ag guairdeall san aer
ag feitheamh le boladh an bháis

dúirt siad gurbh iad seo ár muintir féin
gurbh í seo sochraide ár muintire
gur chóir dúinn bheith sollúnta féin
bíodh nach raibh brónach

68

but we
we're like the weather
          especially the sun
we take little notice
of the goings-on anymore

everything rots in the sun's heat
in spite of death
and it wasn't we who killed them
but yourselves

we could have stayed on the battlefield
but the sad faces of the soldiers
made us laugh
and we chose a soft spot by a river

Captivity

I am an animal

a wild animal
from the tropics
          famous
          for my beauty

I used to shake the forest trees
once
with my roar

but now
I lie down
and I look with a half-closed eye
on that solitary tree over there

hundreds of people come
every day

who would do anything
for me
but set me free.

Translations by Michael Hartnett

ach muidne
tá muid 'nós na haimsire
        go háirid an ghrian
ní thugann muid mórán aird'
ar imeachtaí na háite seo feasta

lobhann gach rud le teas na gréine
thar an mbás
agus ní muidne a mharaigh iad
ach sibhse

d'fhéadfadh muid fanacht ar pháirc an áir
ach chuir aighthe brónacha na saighdiúirí
ag gáirí sinn
agus thogh muid áit bhog cois abhann

Géibheann

Ainmhí mé

ainmhí allta
as na teochreasa
        a bhfuil cliú agus cáil
        ar mo scéimh

chroithfinn crainnte na coille
tráth
le mo gháir

ach anois
luím síos
agus breathnaím trí leathshúil
ar an gcrann aonraic sin thall

tagann na céadta daoine
chuile lá

a dhéanfadh rud ar bith
dom
ach mé a ligean amach.

Nuala Ní Dhomhnaill

The Fox

O little red fox,
red red, so red,
how is it that you still don't know
 – no matter how long you get away with it –
that the furrier's shop
is where you'll finally end up.

We poets
aren't very different.
John Berryman says
that Gottfried Benn says
that we are using our skins as wallpaper
and that we cannot win.

But a warning to furriers:
let ye be careful.
This is no meek hare
that you have here
but a red fox
down from the mountain.
I bite
at the hand that feeds me.

Labysheedy (The Silken Bed)

I'd make a bed for you
in Labysheedy
in the tall grass
under the wrestling trees
where your skin
would be silk upon silk
in the darkness
when the moths are coming down.

Sionnach

A mhaidrín rua,
rua rua rua rua,
nach breá nach bhfuil fhios agat,
dá mhéid a ritheann leat,
sa deireadh
gurb é siopa an fhionnadóra
a bheidh mar chríoch ort.

Nílimidne filí
pioc difriúil.
Deir John Berryman
go ndeir Gottfried Benn
go bhfuilimid ag úsáid ár gcraiceann
mar pháipéar falla
is go mbuafar orainn.

Ach fógra do na fionnadóirí:
bígí cúramach.
Ní haon ghiorria
í seo agaibh
ach sionnach rua
anuas ón gcnoc.
Bainim snap
as láimh mo chothaithe.

Leaba Shíoda

Do chóireoinn leaba duit
i Leaba Shíoda
sa bhféar ard
faoi iomrascáil na gcrann
is bheadh do chraiceann ann
mar shíoda ar shíoda
sa doircheacht
am lonnaithe na leamhan.

Skin which glistens
shining over your limbs
like milk being poured
from jugs at dinnertime;
your hair is a herd of goats
moving over rolling hills
hills that have high cliffs
and two ravines.

And your damp lips
would be as sweet as sugar
at evening and we walking
by the riverside
with honeyed breezes
blowing over the Shannon
and the fuchsias bowing down to you
one by one.

The fuchsias bending low
their solemn heads in obeisance to the beauty
in front of them
I would pick a pair of flowers
as pendant earrings
to adorn you
like a bride in shining clothes.

O I'd make a bed for you
in Labysheedy
in the twilight hour
with evening falling slow
and what a pleasure it would be
to have our limbs entwine
wrestling
while the moths are coming down.

Translations by Michael Hartnett

Craiceann a shníonn
go gléineach thar do ghéaga
mar bhainne á dháil as crúiscíní
am lóin
is tréad gabhar ag gabháil thar chnocáin
do chuid gruaige
cnocáin ar a bhfuil faillte arda
is dhá ghleann atá domhain.

Is bheadh do bheola taise
ar mhilseacht shiúcra
tráthnóna is sinn ag spaisteoireacht
cois abhann
is na gaotha meala
ag séideadh thar an Sionna
is na fiúisí ag beannú duit
ceann ar cheann.

Na fiúisí ag ísliú
a gceanna maorga
ag umhlú síos don áilleacht
os a gcomhair
is do phriocfainn péire acu
mar shiogairlíní
is do mhaiseoinn do chluasa
mar bhrídeog.

Ó, chóireoinn leaba duit
i Leaba Shíoda
le hamhascarnach an lae
i ndeireadh thall
is ba mhór an pléisiúr dúinn
bheith géaga ar ghéaga
ag iomrascáil
am lonnaithe na leamhan.

     Donald MacAulay

Roineabhal

Over Roineabhal
the sun
a white-red blaze
suspended,
the salt prism shattering its light
as I depart from my country.

Questions erupting swiftly,
to drown the question
that lasts
until insight is drowned:

the world out of nothing on the first day?
out of the sun?
from a random explosion
that tossed it in from the margin of the galaxy?

The road twisting narrowly before
and after me
as I travel,
swinging between north and south
the sun itself on a see-saw . . .

What then about feeling and understanding?
The step from great to small?
What is the point of seeing and non-seeing?
Whole and shattered?

Moving from one place to another
I encompass
where I've been and where I'm going –
what then is the difference between place and journey?

And what of the traveller?
A wanderer,
a marginal man?

Os Cionn Ròineabhal

Os cionn Ròineabhal
a' ghrian
'na craos bàndhearg
crochaicht,
am priosam sàil a' spreadhadh a solais
's mi falbh às an dùthaich.

Is ceistean a' brùchdadh gu brais,
a' bàthadh na ceist
a mhaireas
gus an tèid an lèirsinn a bhàthadh:

an saoghal à neoni air a' chiad latha?
às a' ghrèin?
à spreadhadh neochonbhallach
a shad e a-steach bho iomall a' chrios-reul?

An rathad a' snìomh caol romham
's às mo dhèidh
's mi a' siubhal,
le siab bho thuath gu deas
a' ghrian fhèin air bhogadan . . .

Dè rèisde mu fhaireachdainn is tuigsinn?
An ceum bho mhòr gu mean?
Ciod as ciall do fhaicinn is neo-fhaicsinn?
Slàn is brist'?

A' siubhal bho àite gu àit eile
tha mi a' giùlan
far eil mi dol is far an robh mi –
mar sin ciod an diofar eadar ionad agus slighe?

Is ciod as ciall don fhear-siubhail?
Falbhanach,
fear oir-iomallach?

Behind Roineabhal
the sun,
a shattered world,
goes out
as I leave my country.

Monster

Fifty years this season
the *Metagama* set sail,
it swam away from us,
a sea-monster
that had swallowed our valour and youth.
It set a course the eye could not follow
to a ground where weeping would be in vain.

From that day it is constantly
in our dream,
it rises to its surface with bright-lit windows:
decked out in song and tale,
the reward of poverty
a base-motif in the web of our history.

We pursue it constantly
as a key
that would unravel our condition,
a remedy for the ebbing away of our worth,
for our self-derogation and our self-deceit –
our hope
obsessively searching every creek
between here and Nineveh,
always confined to distant shores.

It has been sighted again this year.
The advertisements are posted on the windows.
Immune crews are being hired.
And Ahab
is girding himself for the hunt.

Air cùl Ròineabhal
a' ghrian
'na cruinne spealgte
dol às
's mi fàgail mo dhùthcha.

Uilebheist

A leth-cheud bliadhna na ràithe sa
sheòl am *Metagama*,
shnàmh i air falbh bhuainn
'na bèist-mhara
a shluig ar gaisge 's ar n-òige.
Thog i cùrsa air nach ruigeadh fradharc,
gu grunnd air nach deargadh caoineadh.

On latha sin tha i daonnan
'nar bruadair,
ag èirigh air uachdar ann le uinneagan dealrach:
sgeadaicht an òran 's an uirsgeul,
duais na bochdainn
'na bun-dhealbh an lìon ar n-eachdraidh.

Tha sinn ga sìr-iarraidh
mar iuchair
a bheireadh fuasgladh do ar staid,
a bheireadh buaidh air sileadh ar brìgh,
ar dìmeas 's ar mealladh oirnn fhìn –
ar dòchas
air a' bhànaidh a' rannsachadh gach geodh'
eadar seo is Nineveh,
a' sìr-cheangal ri cladaichean ciana.

Chunnacas i am bliadhna rithist.
Tha na sanasan crochaicht ris na h-uinneagan.
Tha sgiobaidhean seunta gam fasdadh.
Is tha Ahab
ga bheartachadh fhèin chun an t-seilg.

     Áine Ní Ghlinn

The Broken Step

I hear you coming up the stairs. You walk on the
broken step. Everyone avoids it but you walk on
it always.

You asked me my name. We were together and you
said I had blue eyes.

If you see the sunlight at the end of the day
and it awakens a poem in you . . .
      That is my name.

If you come to visit me and I know it is you
because I hear your footstep on the stairs . . .
      That is my name.

You said you understood and that my eyes were
blue. You walked on it again when you were leaving
in the morning.

You come into the room and I see in your eyes that
you were with her. You don't speak and you don't
look at my eyes. Her perfume flows from you.

The perfume is tall slender and well-formed and her
hair is long and curling. I hear you tell her that her
eyes are blue and that you love her.

I open the door and you walk out.

You can explain you say. I close the door.

You don't walk on it. You avoid the broken step.
Nobody walks on the broken step. They avoid it always.

An Chéim Bhriste

Cloisim thú agus tú ag teacht aníos an staighre. Siúlann
tú ar an gcéim bhriste. Seachnaíonn gach éinne í ach
siúlann tusa i gcónaí uirthi.

D'fhiafraigh tú díom céard é m'ainm. Bhíomar le chéile is
dúirt tú go raibh súile gorma agam.

Má fheiceann tú solas na gréine ag deireadh an lae is má
mhúsclaíonn sé thú chun filíocht a scríobh . . .
            Sin é m'ainm.

Má thagann tú ar cuairt chugam is má bhíonn 'fhios agam gur
tusa atá ann toisc go gcloisim do choiscéim ar an staighre . . .
            Sin é m'ainm.

Dúirt tú gur thuig tú is go raibh mo shúile gorm. Shiúil tú
arís uirthi is tú ag imeacht ar maidin.

Tagann tú isteach sa seomra is feicim ó do shúile go raibh
tú léi. Ní labhrann tú ná ní fhéachann tú ar mo shúile. Tá
a cumhracht ag sileadh uait.

Tá an chumhracht caol ard dea-dhéanta is tá a gruaig fada
agus casta. Cloisim thú ag insint di go bhfuil a súile gorm
is go bhfuil tú i ngrá léi.

Osclaím an doras agus siúlann tú amach.

D'fhéadfá é a mhíniú dhom a deir tú. Dúnaim an doras.

Ní shiúlann tú uirthi. Seachnaíonn tú an chéim bhriste. Ní
shiúlann éinne ar an gcéim bhriste. Déantar í a sheachaint
i gcónaí.

Curves

Since a surgeon
stole her femininity
she is constantly
staring
at the rising sun
at the roundness of hills.

On paper she draws
arcs of circles
curve after curve.
Since the scar
replaced her breast
she is tortured by curves.

In the Kitchen
For Robbie

I hear the hollow shovel, bleak
against the laughter of the sun
        Sun, where shall I go now?
The warmth of the kitchen is cold.

I sense the hand once held in mine
the train discarded in the corner
        Train, where will you go now?
The cold of the kitchen is bare.

I hear the gentle laughter, soft
against the silence of the wind
        Wind, take me with you now
The silence of the kitchen is forever.

Cuair

Ó ghoid máinlia
a banúlacht uaithi
bíonn sí de shíor
ag stánadh
ar éirí na gréine
ar chomhchruinneas na gcnoc.

Ar pháipéar déanann
stuanna ciorcail
ceann i ndiaidh a chéile.
Ó fágadh coilm sceana
mar a mbíodh a brollach
tá sí ciaptha ag cuair.

Sa Chistin
I gCuimhne Robbie

Cloisim an tsluasaid lom
meascaithe le gáire na gréine
    A ghrian, cá raghad anois?
Tá teas na cistine fuar.

Braithim an lámh a bhí im láimh
an traein caite sa chúinne
    A thraein, cá raghair anois?
Tá fuacht na cistine lom.

Cloisim an gáire séimh
meascaithe le ciúnas na gaoithe
    A ghaoth, beir leat anois mé
Tá tost na cistine buan.

      # Séamas Ó Céileachair

Loneliness

'There is no loneliness,'
I said last night, when the wind blew among the trees,
The waves beating (a sign of rain) did not bring
Any sorrow to my heart,
And no one with me under the roof.

I'm worried in my heart,
The neighbours came in a crowd visiting tonight
Trading the fowl in the market,
Selling bonhams,
Driving cows to the fairs while sitting here.

I'm upset in my head,
My soul would like to wander out to the mountain-tops,
Among goats that were never penned,
Among woodcock that were never estimated in shillings,
And deer running,
The sweeping deer that were not yet valued by men.

The men that would give the bells of the heather to a merchant,
And would sell the hum of the bee for gold,
And export from the goldfinch his plumage,
From the blackbird his musical harp.

The Earth

From the thorns of the office,
From the stings of the books,
From the nervous reign of the day,
I go out slowly in the sun with my spade
To the resting earth.

And I dig up to the light
Stones and maggots and earth,
The button lost from the garment,
The ring, the blade, the glass,
The wheels of the clock that spun out the time
From the face of the world.

Uaigneas

'Níl uaigneas ann,'
Adúrt aréir, nuair shéid an ghaoth i measc na gcrann,
Níor thug na tonnta ag bualadh (tuar báistí)
Aon bhrón dom chroí,
Is gan ach mé anseo faoi dhíon an tí.

Táim buartha im' ucht,
Na comharsain tháinig chugam i scata ar cuairt anocht
Ag reic na gcearc ar mhargaí,
Ag díol banbhaí,
Ag seoladh ba ar aontaí anseo is iad 'na suí.

Táim suaite im cheann,
Ba mhaith lem anam triall amach chun barraí beann,
'Measc gabhair nár ceapadh i bpionnaí,
'Measc creabhair nár samhlaíodh riamh i scillingí,
Is fianna ag rith,
Fianna an tseoil nár luadh a luach go fóill ag fir.

Na fir a thabharfadh cloig an fhraoigh do cheannaitheoir,
Is dhíolfadh crónán beiche ar ór,
Is onnmhuireodh ón lasair choille a chlúmh,
Ón lon a chláirseach cheoil.

An Chré

Ó dhealga na hoifige,
Ó chealga na leabhar,
Ó réim néarógaigh an lae,
Buailim liom go righin amach le gréin lem rámhainn
Chun cré an tsuaimhnis.

Is cartaim chun an tsolais
Clocha is crumha is cré,
An cnaipe cailleadh as an mbrat,
An fáinne, an lann, an ghloine,
Rothaí an chloig a shíob amach an t-am
Ó aghaidh an tsaoil.

84 And I turn up
Many things that were changed:
The grass, the plant, the fruit, the meat;
Earth of earth, maggot of maggot I excavate,
Life without end, memory of memories and forgetfulness of forgetfulness
Being swallowed back in the eternal throat.

The Reign of the Snow

Within two or three days
Our country was weak:
The snow had come
And was reigning.

From the continent in the east
The conqueror came
And descended quietly on us
In white aeroplanes.

It poisoned the air
And attacked the land;
There were bridges on the lakes,
And an army on the road.

There were spikes under the eaves,
There were wedges in the doors,
And it drew in the night
Curtains on the windows.

It worked its magic,
The lands were being whitened,
The trees were ghosts
And the furze bushes were sheep.

The children marched
Noisily under its flag,
And they appointed a white man
Chief in every farm.

Is casaimse aníos
Líon rudaí d'athdhealbhadh:
An féar, an planda, an toradh, an fheoil;
Cré na cré, is crumh na gcrumh a réabaim,
Saol na saol, cuimhne na gcuimhní is dearmad an dearmaid
Á alpadh siar isteach sa chraos síoraí.

Réimeas an tSneachta

Le dhá lá nó trí
Bhí ár dtírín go tréith-lag:
An sneachta d'éis tíocht,
Is é suite i réimeas.

Anoir as an Ilchríoch
Do ghluais an gabhálaí,
Is do thuirling go ciúin chugainn
In eitealláin bhána.

Do nimhnigh sé an t-aer,
Agus d'ionsaigh sé an talamh;
Bhí droichid ar locha,
Ar bóthar bhí arm.

Bhí spící faoin mbun-tsop,
Bhí dingeacha ar doirse,
Is tharraing sé istoíche
Braitlín ar fhuinneoga.

D'imir sé a dhraíocht,
Bhí na críocha á ngealadh,
Ba shíofraí na crainn,
Is ba chaoirigh toir aitinn.

Do mháirseáil na páistí
Go gleoch faoina mheirg,
Is thóg siad fear bán
Ina fhlaith ar gach feirm.

Ian MacDonald

'Your Scalpay Grandmother'

My dear grandmother lying
on the bed of pain.
Her kind body was weak,
but her two steadfast eyes –
quiet and calm was their aspect.

I was only a little boy
running about her room,
her kind eyes following me –
seeing me, herself unable to move . . .

My mother tonight
relating her story to us:
'a big strong woman
who spent years
dwindling in a bed . . .'

Other years have run by,
and I am twenty-one,
but for nine of them
she has not aged at all.

A day came when death came
and pain came to an end.
It was not she who received the blow
but her loved ones who laid her
in a bed where she would not be wearied
with affliction ever again.

In the graveyard at Luskentyre
my dear grandmother lying.

'Do Sheanmhair Sgalpaigh'

Mo sheanmhair chaomh sìnte
air an leabaidh phianta.
Bha a corp coibhneil dìblidh,
ach a dà shùil chinntich –
bu shocair, ciùin am fiamh-san.

'S gun mise ach 'nam ghille beag
's mi ruith air feadh a seòmair,
's a sùilean còir gam leantainn,
i gun chothrom gluasaid gam fhaicinn . . .

Mo mhathair a-nochd
a' toirt dhuinn a h-eachdraidh:
'boireannach mòr tapaidh
's i fad bhliadhnaichean
a' sìoladh am broinn leapa . . .'

Ruith bliadhnaichean eile seachad,
's tha mise bliadhn' thar fhichead,
ach airson a naodh dhiubh
cha do dh'aoisich ise.

Thàinig là a thàinig bàs
's a chrìochnaich cràdh.
Cha b'ise fhuair a' bhuille
ach luchd a gràidh a rinn a càradh
ann an leabaidh far nach sàraicht'
i le àmhghair tuilleadh.

Anns a' chladh an Losgaintir
mo sheanmhair chaomh sìnte.

You

It was not the foreign fertiliser,
though there was some,
or the showers of brimstone,
though they were heavy,
that did for the corn in blade
and left the field bare
but the destructive fire of your breath.
It was you who caused the loss.

Two Nights

Tonight I am alone,
but hopeful that a night will come
when we shall be together,
not an inch dividing us.

Tonight we are together,
our joy is complete,
and my blood and youth
are singing with your music.

Up on the Moor Again

The smoke from houses climbing into the sky –
it is its own road.
A calm Sabbath for mind and body –
what has happened is in its place
and will not come back to us.

Even so, the memory is restless,
like someone constantly walking
between table and bed and window –
to lie down would be blissful for him
but he stays at his vigil,

he stays at his vigil.

Chan e an todhar Gallda,
ged a bha e ann,
no na frasan pronnaisg,
ged a bha iad trom,
a dh'fhoghain dhan an fhochann
's a dh'fhàg an t-achadh lom
ach teine millteach d'anail.
'S tusa rinn an call.

Dà Oidhche

Tha mi nochd 'nam ònrachd,
ach an dòchas gun tig oidhch'
a bhios sinne còmhla,
gun òirleach gar roinn.

A-nochd tha sinn còmhla,
tha ar sòlas cruinn,
is tha m'fhuil is m'òige
le do cheòl-sa seinn.

Air Mullach na Mòintich A-rithist

Ceò thaighean a' dìreadh dhan adhar
is e 'na rathad dha fhèin.
Sàbaid chiùin aig corp agus inntinn –
tha na thachair 'na àite
is cha till e rinn tuilleadh.

Ge-ta, tha a' chuimhne an-fhoiseil,
mar fhear a' coiseachd gun tàmh
eadar bòrd is leabaidh is uinneag –
ged bu shòlas leis sìneadh,
tha e fuireach 'na chaithris,

tha e fuireach 'na chaithris.

Cyril Ó Céirín

A Prayer for Kit

Your body, arched in the childbearing,
Figures a bow charged, and its Archer:
The off-spring arrow, mystically loosed,
Sets forth from the tree on which it shoots.

O woman, your scion is not yours,
Nor yet his goal; yours to discharge
The Archer's will – there's cherished both,
The vital arrow and the bow that's true.

Bear upon him with love, be selfless –
What can the bow know of its target?
Let virtue fail not at his course –
Not yours the force which draws the cord.

But let your contracting in the grasp of the Archer
Fruit in justice and in concord:
For blessings and for gladness
Be you held in the hand of the Archer.

Evening Service

The doors are locked, the fire made safe.
In my role as watch over house and household,
  carefully I enter the children's sanctuary.

In love's ceremonial, I bless, am blessed,
I seal my tribe with the Paschal
  and duly bow to administer the sacrament.

I lay my hands on benighted creatures,
bestow the kiss in rite mysterious
  and bid God stand between us and calamity.

No longer is this fellow, me, a mere what's-his-name,
but in this guise a personage by injunction and by office:
this father is a sacred priest in the warding off of evil.

Ag Beannachtaigh le Cit

Do choimriocht sa tuismeadh: fíor bogha –
Oll-Bhoghdóir i bhfeighil an fhiontair;
Gin mar shaighead ar rún a thriallta,
Craobh den tuistí gur dual a scoitheadh.

A bhean, ní duitse beangán díotsa,
Ní leatsa aimsiú ach comhlíonadh
Toil Bhoghdóra a fhaireann choíche
Saighead gasta agus bogha dílis.

Gabh den ghrá air agus ní ded' thola –
Cá bhfios sprice riamh don bhogha?
Nára meath ort crógacht ins an eascradh:
Ní leatsa an bhrí do tharraing corda.

Ach bíodh do theannadh i ngreim an Bhoghdóra
Ar mhaithe reachta 's síochána;
Ar thoradh ratha 's lúchára
Go raibh an seoladh fá lámha an Bhoghdóra.

Ceiliúradh na hOíche

Iar n-iamh na ndóirse, iar gcoigilt na tine,
'S mé i gcúram m'airdeall tí agus clainne,
  Iontráilim go stuama tearmann na leanbh:

Go rúnda beannaím agus beannaítear mise,
Séalaím mo threabh faoi fhíor na Cásca
  Agus uamhlaím go dílis de gheall ar an tsacraimint:

Leagaim lámha ar chréatúir shaontaí,
Beirim póga an deasghnátha dhiamhraigh
  Agus tiomnaím Dia idir sinn agus anachain.

Ní haon Tadhg Ó Rudaí é feasta mo dhuine
Ach pearsa an íomhá faoina gheasa 's a ghairm:
  Is sagart é an t-athair seo i ndiongbháil an oilc.

   From At the Time of the Cuckoo Storm, 1977

The revolution continued in the dykes of March.
Red Reynard of the Hill woke us one wet night,
an edge to his bark as clear as gunshot,
and in the middle of the bright day death was in the sky
when the Wandering Hawk swooped on the valleys.
In a flash, the wild flowers were standing their ground
where the kine were bearing bright calves even in the Borrowed Days.
And here we had, backing them up,
the blackthorns signalling *No surrender*,
flying their bunting from the tips of branches.
When the herds walked the dew, there were herbs like manna before them,
splendid and glorious and golden like a risen people.
Flags of green were flying freely on the bushes
when the Flying Columns of Spring burst into show
down our own little road.
At Easter, our noble trees donned magnificence for uniform
and stood forth about us
like resurrected gods or fulfilled myths,
so that every mortal threw off the cocoon of age
and robed themselves in hope's bright newness,
every good woman bore her first-born for a while again
and every good man breasted his first love for the time:
Oisín seized the chance to meet the Fiann again
and no living being recalled that young worlds never stay . . .

The clocks of dandelion portend,
though puffed and blown and scattered,
and the geese forsaking this green corn,
that the life-spirit never shall falter
even to the womb of the blessed day of doom –
but there's lost to us another Age of Gold,
now that its lay is told.

Lean an réabhlóid léi i ndíoga Mhárta.
Reynard rua a' chnoic a mhúscail sinn oíche fhliuch
  agus faobhar ar a sceamh chomh deimhnitheach le scaoileadh gunna
  's i lár an lae bhí geal bhí an bás ins an spéir
  nuair a thug an seabhac seachránach sciuird ar na gleannta.
De splanc bhí flóis ag seasamh an fhóid
  san áit a raibh na ba ag toirbheart laonna geala
  le linn na riaibhche féin.
Agus b'sheo linn mar thaca dóibh
  na draighneáin ag fógairt *No surrender*
  le caitheamh a meirgí ar mhaoilinn ghéag.
Nuair shiúil na táinte an drúchta bhí lusra mar mhanna rompu
  chomh niamhrach glóireach órga le pobal éirithe.
Bhí brata uaine ar foluain go saor ar sceacha
  nuair sceinn óglaigh na ráithe go seoigh
  feadh ár mbóithrín féin.
Um Cháisc, ghlac ár gcrainn uaisle taibhse mar éide
  agus sheasadar inár dtimpeall
  mar dhéithe aiséirithe nó mar mhiotaí slána,
i gcruth go gcaitheadh gach fíréan de cochall a aoise
  's go ngléasadh féin in úire gheal an dóchais,
gach dea-bhean go mbíodh ag tórmach a céadghine scaitheamh
  's gach fear diongbháilte re bruinne a chéadseirce seal:
rug Oisín uain i gcuideachta na bhFiann arís
  's níor chuimhin le haon neach beo nach buan do chruinní óga . . .

Tuarann cloig na gcaisearbhán
  's iad séidte seolta scaipithe
  agus éamh na ngéanna fiáine
  ag tréigean an gheamhair
  nach loicfidh choíche ar an meanma
  go broinn na brátha beannaithe –
ach sin uainn ré ghlórmhar eile
  's a laoi seinnte.

Seán Ó Coisdealbha

The First Play

The Valley of Tears was God's play,
And he gave a part to those who stay,
A long play on a large stage,
The world.

It was God composed the historic tragedy
And made a prompter of the 'quare fellow'.
I'm sure He breaks his heart laughing
At the acting.

He made a play with a million scenes
With the devil prompting behind a screen,
Behind the curtain out of our sight,
The audience.

God produces his own play
And calls the results at the end of the day;
The devil takes the crooked ones
But He keeps the good ones –
How strange.

My own part is almost over
But I hadn't my words off by heart,
Too much movement and lacking control,
With the results yet to come –
I lost marks.

All that remains is one more act
Before the final curtain falls,
The play will go on with another cast
And I'll be left with one last call,
The grave.

If the coming piece is as lonely
As the scene that just went by,
My whole sanity will lose control
And my heart will split seven times
With sorrow.

An Chéad Dráma

Chum Dia dráma *Gleann na nDeor*
Agus thug Sé páirt ann do go leor,
Dráma fada ar stáitse mór,
An domhan.

Sé Dia a chum an tragóid staire,
Agus rinne Sé leideoir den bhuachaill báire.
Táim cinnte glan go mbíonn Sé ag gáire –
Faoin aisteoireacht.

Chum Sé dráma le milliún radharc
Agus rinne Sé leideoir d'fhear na n-adharc
Ar chúl an chuirtín as ár radharc,
Na héisteoirí.

Léiríonn Sé fhéin a dhráma
Agus tugann Sé na torthaí ag deireadh an ama;
Faigheann an leideoir na daoine cama
Ach coinníonn Sé fhéin na daoine mánla –
Nach aisteach?

Tá mo pháirt-sa ar tí a bheith thart
Ach ní raibh na focla a'm i gceart,
Thar fóir sa ngluaiseacht is ó smacht,
Ach tá na torthaí fós le theacht –
Chaill mé marcannaí.

Níl fanta anois ach mír bheag eile
Nó go dtitfidh an cuirtín síos ag deireadh,
Tiocfaidh an dráma ar aghaidh le foireann eile
Agus fágfar mise ag an seoladh deire,
An roilig.

Más uaigní an mhír atá le theacht
Ná an radharc deire a d'imigh thart,
Imeoidh mo chiall 's mo mheabhair ó smacht
Agus scoiltfidh an croí i mo lár faoi sheacht –
Le uaigneas.

The doctor will then give up the ghost
And I will be left to death,
That brings me to the end of the race –
Give me a prize.

In an oak coffin my bones will be
Laid to rest by the edge of the sea.
To hell with the prompter – enter, please,
Producer.

From Rafftery and the Poet

*(Blind Rafftery was the greatest poet in the West of Ireland in the last cen-
tury. This is a short extract from a long poem in which the author confronts
Rafftery's ghost.)*

Rafftery:
Milton, my man, Séamus Dall and I,
Three who have not seen this fair world.
High tide or low tide we never could bide,
Lillies and roses we never saw,
The cuckoo on the gable as the summer returns
And the lambs jumping and bleating.
It's my sadness, O Mary, your Son has not shared with us
The vision of Shelley and Shakespeare.

The Poet:
If you have not seen the beauty of the world,
You are but a liar of a poet.
Máire Ní Eidhin you said was the fairest of creatures
That a poet ever put in a verse;
Her cheekbones were whiter than pebbles on the seashore
And her voice was sweeter than the thrush.
But we have heard she was an ugly old hag
Who was out to seduce a young man!
Just another hag who gave you a drink in a glass,
And then you praised her to the skies,
As Judas when he betrayed Our Lord
On account of the price of a few acres.

Tiúrfaidh an dochtúir suas a chás
Is fágfar mise ag an mbás,
Ansin tá mise ag deireadh an rás' –
Tabhair duais dom.

Beidh mo chnámha i gcónra dharaigh
Is mé sínte siar le ciumhais na mara,
Díbir, a leideoir, agus teara,
A léiritheoir.

As Raiftearaí agus an File

Raiftearaí:
Milton, a dhuine, Séamus Dall agus mise,
Triúr nach bhfaca áilneacht an tsaoil seo.
Taoille trá is taoille tuile nár ba linne ba bhinne,
Acht an rós ná an lile níor léir dhúinn,
An chuach ar stuaic binne 'gus an Samhradh ag filleadh
Is na huain ag macnas is ag méileach.
Mo chrá géar, a Mhuire, nár thug do mhac léargas dúinne
Mar thug Sé do Shelley 's do Shakespeare.

An File:
Mara bhfaca tusa áilneacht na cruinne,
Séard thú ná file a bhí bréagach.
'Sí Máire Ní Eidhin an pabhsae ba ghile
Dár chuir file 'riamh ina bhéarsa;
A leaca ba chruinne ná cloch i mbéal tuinne
'Gus a guth ba bhinne ná an chéirseach.
Ach nár chuala muide go mba stróinse í do dhuine
'Bhí ar lorg fear óg le hí 'bhréagadh!
Stróinse do dhuine a thug deoch duit i ngloine
Is ansin mhol tusa go haer í
Mar rinne Iúdás nuair a thréig sé Mac Mhuire
I ngeall ar luach cúpla péirse.

Roderick Macdonald

Pictures

Leaping lithely and blithely,
The red flames form figures
Like the young ones who move with vigour
In the road-dancing.

The heavy clod at the back
Which keeps the fire alive till morning
Like the heavy-footed crofters
Who have kept Gaelic alive.

The ash spilling on the hearth
Where it has not been swept
Like the dead dust and the ashes
To which we shall all return.

The sparks rising high
And flying out through the chimney
Like the saintly souls who have passed on
To a distant world.

The blue flame where there is oil,
The precious oil of self-sacrifice
Through which the departed heroes
Surrendered their lives.

Great blaze of fire in time of frost –
The worse it is outside, the warmer within:
So will valour arise in time of decline
And a hero in every rank.

The One Picture

The flashing lightning rent the vault of sky
And, as a serpent's tongue,
Extended a finger through my window,
Leaving behind a thousand fragments
In place of the one mirror
And, in place of the one face
I was watching before me,
A thousand pictures.

Dealbhannan

A' leum gu h-èasgaidh, h-ealanta,
Na lasraichean dearg a' cur char
Mar òigridh a shiubhail gu smiorail
An dannsa an rathaid.

An ceap trom air a chùl
A' cumail deòthas gu madainn
Mar na croitearan trom-chasach
A chum a' Ghàidhlig beò.

An luath a' brùchdadh air a' chagailt
Far nach deach a sguabadh
Mar an dus marbh is an luaithre
Gus an sguabar sinn uile.

Na sradagan ag èirigh an àird
Is a' seòladh suas an simileir
Mar na h-anamanan naomh a shiubhail
Gu saoghal fad' às.

An las ghorm far eil an ola,
Ola luachmhor an fhèin-ìobraidh
Tre an d'leig na curaidh a dh'fhalbh
Sìos am beatha.

Craos mòr teine an àm reothaidh –
Mar as mosaich' e muigh 's ann as blàith':
Eiridh gaisge luath an àm gonaidh
Is laoch 's gach sreath.

An Aon Dealbh

Reub an dealanach boillsgeach an iarmailt,
Is mar theanga na nathrach shìn e
Meur a-steach air an uinneig,
Is dh'fhàg e na dhèidh,
An àit' aon sgàthan, mìle spealg,
Is, an àit' na h-aon aghaidh
A bha mise coimhead fa mo chomhair,
Mìle dealbh.

Sickness of mind tore the firmament of my being
And, as the poisonous sting of the serpent,
Extended a finger into my soul
And left behind,
In place of one person, a thousand diseased fragments
Shouting and warring with each other
Like legions of hell.

In the name of compassion,
Rescue and relieve my soul
Before it is forever destroyed –
Extend your hand in through the window,
My spouse, my brother, my sister,
Restore music to my silent heart,
Blow the breath of your mouth into my nostrils,
Revive me and to me restore
The one picture.

Reub tinneas na h-inntinn iarmailt mo chrè,
Is mar ghuin nimheil na nathrach shìn e
Meur a-steach ann am anam,
Is dh'fhàg e na dhèidh,
An àit' aon phearsa, mìle bloigh coirbt'
Is iad a' glaodhaich is a' cogadh an aghaidh
A chèile, mar Legion an Iutharn'.
An ainm an t-sealbh –

Dèan cobhair is fuasgladh air m'anam
Mus tèid gu sìorraidh clì e,
Cuir do mheur a-steach air an uinneig,
Mo chèile, mo bhràthair, mo phiuthar,
Is aisig ceòlraidh do m'chridhe balbh,
Sèid anail do bheòil am chuinneanan,
Is thòir beò mi, is dhomh aisig
An aon dealbh.

The Crab

This crab thinks
There is no fish on the seashore
To compare with it.
It wants power
And to live forever
Because it is well attired for the nuclear age
With a hard crust like a shield
Something I can't say.
It is ahead of the posse, you see
Moving along on the shore
Or under the roof of the crabhole
Cast out of the womb of the sea.
It will always be on the bank
Trying to establish a bridgehead
And plant itself firmly when man is gone
Fumbling along like the sea and like life itself
And the old inhabitants of the place have said
That man was once a crab
That he was covered completely in a crust of nail before the fall.
I would hope that a better human being would emerge from this crab
Than the present one.

Bartley (XXXVII)

The Maoilins arouse the passions in Bartley
And when he is away from home
The bare hills, the bald hillocks, the mountain
Ridges and the low mounds
Make a loose *deibhí* in his mind.
His heart leaps with delight
Like the wind rising on the Maoilins
And the fog lifting over Seana Fhraochóg.
He hears again the shrill voice of the snipe
And the cry of the mountain grouse
On the lovely pleasant Maoilins
And he listens full of joy.
He puts on shapes and becomes *macho*
And taps the floor with the old tunes of Connemara.

An Portán

Síleann an portán seo
Nach iasc trá go dtí é.
Cumhacht atá uaidh
Agus maireachtáil go deo
Mar sé atá gléasta
Don aois núicléach
Le screamhóig chrua mar sciath air
Rud nach féidir liomsa a rá.
Bíonn sé chun tosaigh ar an b*posse* an dtuigeann tú
Agus é ag ceilpeáil leis ar an trá
Nó faoi dhíon na haice
Teilgthe amach as broinn na mara.
Beidh sé go deo ar an bport
Ag iarraidh ceann droichid a bhunú . . .
Agus cosa i dtaca a chur nuair a bheidh an duine imithe . . .
É chomh hútamálach leis an sáile is leis an saol féin
Is deir seanfhondúirí na háite
Gur portán mór a bhí sa duine tráth
Go raibh sé faoi screamhóig iongan uilig sular itheadh an t-úll.
Bheinn ag súil go dtiocfadh duine níos fearr as an bportán seo
Ná an ceann atá ann faoi láthair.

Beairtle (XXXVII)

Músclaíonn na Maoilíní na paisiúin i mBeairtle
Is nuair a bhíonn sé imithe ón mbaile
Bíonn maolchnoc is maoilín droim is droimín
Ag déanamh deibhí scaoilte ina aigne.
Éiríonn a chroí le haoibhneas mar éiríonn an ghaoth ar na Maola
Is mar scaipeas an ceo ar Sheana Fhraochóg.
Cloiseann sé arís fead naosc is grág cearc fraoigh an tsléibhe
Ar na Maoilíní cuanna caomha
Is bíonn ríméad air dá n-éisteacht.
Caitheann sé séapannaí is éiríonn sé *macho*
Is buaileann sé cois ar sheanphoirt Chonamara.

A magic mist falls in smooth rolls on the greenstone . . .
The Maoilins arouse the passions
And the heart stirs with a great love for home.
The protective cloak of the Burren through the mist
Is like the loving kiss of a maiden beckoning him.
Enchanting vibes come from the western home
And lovesongs come to mind
And when the blind sleep slips on his senses
The heart is sensual
Dreaming about the Maoilins.

To a Friend

You were sitting there on the fence
And the seagulls flying past
"The flower of youth and the fairest"
You were intoxicated with the heather
And the wailing of the sea
The birds were singing a Hosannah
In a soft wistful chorus
Your eyes were full of delight
The Twelve Bens at your back
I bet your thoughts were on Galway
Or on the Spanish speech at the Spanish Arch
On dazzling lakes far away
Or on wine and ships
Coming from Santiago . . .

Titeann ceo draíochta ina chornaí míne ar an nglaschloch . . .
Músclaíonn na Maoilíní na paisiúin
Is bíogann an croí le mórghrá don bhaile.
Bíonn díonbhrat na Bóirne tríd an gceo
Ar nós dilphóg mná óige dá mhealladh.
Tagann vaidhbeannaí aoibhnis ón tír thiar chuige
Is tig bhéarsaí grá chun a bhéil
Is nuair a thiteann an codladh céadtach ar a chéadfaí
Bíonn fuadach faoin chroí
Ag brionglóidí faoi na Maoilíní.

Do Chara

Bhí tú i do shuí ansin ar an sconsa
Is na faoileáin ag dul tharat
"Bláth na hóige is seod na finne"
Bhí tú ar meisce ag an bhfraoch
Is olagón na mara
Bhí na héin a' canadh Hosannah
I gcór bog cumhúil
Bhí an áilleacht i do shúil
Is na Beanna Beola ar do chúl
Bhí tú a' smaoineamh ar Ghaillimh, chuirfinn geall
Nó ar chaint na Spáinneach ag an bPóirse Caoch
Ar lochanna mearbhaill i gcéin
Nó ar fhíon is ar shoithí
A bhí ag tíocht ó Santiago . . .

Máirtín Ó Direáin

Stout Oars

Stand your ground, my soul;
Cleave to every rooted stock;
Don't behave like a callow youth
When your false friends depart.

You've often seen a redshank
Alone on a wet rock;
Though he drew no wealth from the wave,
His lapse incurred no censure.

From your dark realm you brought
No lucky caul around your head,
But the ritual wands were placed
To protect you in your cradle.

Useless sticks were placed around you,
An iron tongs above,
Beside you a piece of your father's clothing,
A poker placed in the fire.

Lean on your own stout oars
Against neap-tide and ebb,
Keep alight the coal of your vision;
To part with that is death.

Grief's Dignity

I once had a glimpse
Of grief's great dignity
When I saw two women
Emerge from a crowd
In dark funereal garb,
Neither uttering a word:
Dignity departed with them
From the large and noisy crowd.

Cranna Foirtil

Coinnigh do thalamh, a anam liom,
Coigil chugat gach tamhanrud,
Is ná bí mar ghiolla gan chaithir
I ndiaidh na gcarad nár fhóin duit.

Minic a dhearcais ladhrán trá
Ar charraig fhliuch go huaigneach;
Mura bhfuair éadáil ón toinn,
Ní bhfuair guth ina héagmais.

Níor thugais ó do ríocht dhorcha
Caipín an tsonais ar do cheann,
Ach cuireadh cranna cosanta
Go teann thar do chliabhán cláir.

Cranna caillte a cuireadh tharat,
Tlú iarainn os do chionn,
Ball éadaigh d'athar taobh leat
Is bior sa tine thíos.

Luigh ar do chranna foirtil
I gcoinne mallmhuir is díthrá,
Coigil aithinne d'aislinge;
Scaradh léi is éag duit.

Dínit an Bhróin

Nochtaíodh domsa tráth
Dinit mhór an bhróin,
Ar fheiceáil dom beirt bhan
Ag siúl amach ó shlua
I bhfeisteas caointe dubh,
Gan focal astu beirt:
D'imigh an dínit leo
Ón slua callánach mór.

A tender was in
From a liner in the roadstead,
Everyone was scurrying around,
Hubbub and loud chatter;
But the silent couple
Who emerged on their own
In dark funereal garb,
Dignity departed with them.

Berkeley

On a rock, Bishop of Cloyne,
I was reared as a boy
And the grey stones
And barren crags encompassed me,
But far from such you lived,
Bishop and philosopher.

Swift himself, the great Dean,
Was not mad, if it's true
He left you on his doorstep;
Was not the closed door a dream
In your mind, for thus you taught?
And why would he want to open it for you,
Since it was only a ghost of itself?

Dr. Johnson too
Kicked an adjacent stone
As if the assault
On the pure entity smashed
Your vision, and its implication
That in the mind was contained
All living substances and all inanimate matter.

I don't deny I agreed
With those great men for a while,
But since the grey stones began
To turn to dreams in my mind,
I do not know, my dear Bishop,
That you weren't the one who went on the deep
While the great men stayed on the shore.

Translations by Douglas Sealy and Tomás Mac Síomóin

Bhí freastalán istigh
Ó línéar ar an ród,
Fuadar faoi gach n-aon,
Gleo ann is caint ard;
Ach an bheirt a bhí ina dtost,
A shiúil amach leo féin
I bhfeisteas caointe dubh,
D'imigh an dínit leo.

Berkeley

Ar charraig, a Easpaig Chluana,
A tógadh mise i mo ghasúr
Is bhí na clocha glasa
Is na creaga loma fúm is tharam,
Ach b'fhada uathu a mhair tusa,
A Easpaig is a fhealsaimh.

Swift féin an Déan mór
Níorbh ait fós má b'fhíor,
Gur fhág tú ar a thairsigh;
Comhla an dorais nár bhrionglóid
I do mheabhair de réir do theagaisc?
Is cad ab áil leis a hoscailt duit
Is gan ann ach a samhail?

An Dochtúir Johnson fós
Thug speach do chloch ina aice
Mar dhóigh go ndearna an buille
Ar an rud ionraic smionagar
De do aisling, a chuir i gcás
Gur istigh san aigne a bhí
Gach ní beo is marbh.

Ní shéanaim go raibh mo pháirt
Leis na móir úd tamall,
Ach ó thosaigh na clocha glasa
Ag dul i gcruth brionglóide i m'aigne,
Níl a fhios agam, a Easpaig chóir,
Nach tú féin a chuaigh air an domhain
Is nach iad na móir a d'fhan le cladach.

Fearghas MacFhionnlaigh

The Axe

he came at you like an angry rhino
and you waiting
like a Zulu with a spear

he came at you like a bull
and you waiting
like a matador with a sword

he came at you like a tank
and you waiting
like a soldier with a grenade

he came at you like a dragon
and you waiting (ironically of course)
like Saint George

he came at you with baying of hounds and Tally-ho
but you were a fox
that wouldn't run

he came at you like a dinosaur
but you were a sharp animal
with Einstein in your brain

he came at you like a locomotive under steam
and you like a bridge
about to rise

he came at you
with the hauteur of Napoleon
with the battle-cry of Genghis Khan
with the vituperation of Hitler
with the coldness of Stalin
with the imperialism of England
with the body of de Bohun

he came at you
poised in your saddle
like an eagle on a crag
like a crouching lion

An Tuagh

thàinig e ort mar shròn-adharcach na dheann
is tu a' feitheamh
mar Shùlu le sleagh

thàinig e ort mar tharbh
is tu a' feitheamh
mar mhatador le claidheamh

thàinig e ort mar thanca
is tu a' feitheamh
mar shaighdear le grenèad

thàinig e ort mar dhràgon
is tu a' feitheamh (gu h-ìoronta tha fhios)
mar an Naomh Seòras

thàinig e ort le ulfhartaich chon is Talai-hò
ach bu tu sionnach
nach teicheadh

thàinig e ort mar dhaidhneasar
ach bu tu ainmhidh geur
le Einstein nad cheann

thàinig e ort mar locomotaibh fo smùid
is tusa mar dhrochaid
gus èirigh

thàinig e ort
le àrdan Napoleon
le gaoir-chatha Ghenghis Khan
le tàirchainnt Hiotlair fhèin
le an-iochd Stailin
le ìmpireileas Shasainn
le bodhaig de Bohuin

thàinig e ort
is tu nad dhìollaid
mar iolair air creig
mar leòmhann na chrùban

he came at you
with lance and shield and helmet and plume
and horse and armour and thunder and sweat
and impetus and dust and invective and death

he came at you
but instantly

with an agile movement
with a neat sudden movement

with a precisely executed movement
with an elegant meaningful movement
on which our entire history hinged

the dazzle of your axe
blazed in the sun
and like a blur the blow fell
splitting helmet and skull

laying a new Goliath
a corpse on the heath

but your axe was broken, O King
and a replacement we have yet to find

thàinig e ort
le lanns is sgiath is clogaid is dos
is each is armachd is tàirneanach is fallas
is sitheadh is duslach is ràiteachas is bàs

thàinig e ort
ach a chlisge

le gluasad luath
le gradghluasad cruinn

le deasghluasad pongail
le snasghluasad brìoghmhor
san robh an sàs ar n-eachdraidh gu lèir

bhoillsg stàilinn
do thuaighe sa ghrèin
is thuit briosgbhuille a' sgoltadh
clogaid is claiginn

Goliat earraideach
a dheargadh air raon uaine

ach chaidh do thuagh a bhriseadh, a Rìgh
is tha tèile fhathast a dhìth oirnn

To My Bank Manager

O merchant of money,
Who played horsey with me on your bony knee,
Who made little of the monthly sum,
Who made little of years on a halter,
It wasn't me who asked for your coloured business card . . .

O stirrer of desires,
Who made a need out of something unnecessary,
Who massaged the tickle of my skin,
Who made elastic of my hanging tongue,
It wasn't me who reached for the shelf . . .

O collector of debts,
Who knocked roughly on the door of my problem,
Who made a mortal sin of my small delay,
Who made a trap out of my restful corner,
You wouldn't even take back the broken toy . . .

Behind your back
Your grabbing right hand
Grips your tight-fisted left,
And your inconsistencies are staining
The backside of your stripey trousers.

Trail

The snail that I crushed on my night-walk,
His son's son may now be seeking vengeance.
From generation to generation
The myth of the White Shoe may have been handed down . . .
I am the giant Cinderellus
And the snail prince may do me down
Some slimy night . . .

A Bhaincéir Liom . . .

A mhangaire an airgid,
'Dhein capaillín liom ar ghlúin d'iasachtaí,
'Dhein beag den chnap míosúil,
'Dhein beag de bhlianta ar adhastar,
Ní mise a d'iarr do chárta daite gnó . . .

A shúthaire na ndúl,
'Dhein gá den bheag is fiú,
'Dhein smiorradh den chneasthochas,
'Dhein leaisteach de mo theanga ghogalach,
Ní mise a rug anuas ón tseilf . . .

A bhailitheoir na bhfiach,
'Dhein grodchnagadh ar dhoras mo theannaidh,
'Dhein peaca marfach de mo mhoillín,
'Dhein gaiste den chúinne scítheach,
Ní ghlacfá ar ais an bréagán briste . . .

Taobh thiar de do dhroim
Téann do ghrabáil-lámh dheas
I ngleic le do ghlaicín chlé,
Is rian an dá thrá agat
Ar thóin do bhríste stríocaigh.

Lorg

An seilide a bhascas de shiúl oíche,
D'fhéadfadh mac mic leis
Bheith ar thóir díoltais . . .
Ó ghlúin go glúin
Bhronnfaí fáthscéal na Bróige Báine . . .
Mise an fathach Cinderellus
A dtiocfadh prionsa seilideach
Anuas air
Oíche éigin ramallach . . .

Tryst

I don't want any ad for a bar of chocolate
Dunked in *rosé* wine
With you lepping around the meadow,
Your tresses in the wind and your brown knees
Poking out of your city-country frock;
I wouldn't lie back among the grasses
With your face between me and the light,
Coming slowly towards me,
Ever more slowly . . .

I would prefer to lie in an igloo with you,
O blackfurred huntress,
With the pass snowed up
And half a year of darkness before us
To distill the full of our flask.

Ní háil liom
Fógra barra seacláide
Tumtha i bhfíon *rosé*,
Tusa ag pocléim fán móinéar,
D'fholt le gaoith is glúine donna
Ag gobadh as gúna tuathchathrach;
Ní luífinn siar i measc na bhféar,
D'aghaidh idir mé is léas
Ag druidim liom go mall
I moille . . .

B'fhearr liom do luí san íoglú liom,
A fhiagaí dhubhfhionnaigh,
An t-altán druidte
Agus oíche leathbhliana romhainn
Chun lán an fhleasca a dhriogadh.

 Gréagóir Ó Dúill

Who Said it?

Speckling parchment to bird music
Is heartsease to gentle monk
Who never witnessed on battlefield
Blood shower, raven grunt.

Cat's play with little mouse
Is the trapping of truth to a philosopher,
Said an Ulsterman
More used to sword than play on word.

Unless the King is in your heart,
In Rome itself you'll find no peace,
Said Derry's Colmcille
Remembering war from quiet Iona.

Yacht Voyage

The cords are taut, are singing,
The sail is fat and live, pregnant for progress,
Sandals of spume, palms of homage in our way,
As the mob of gulls follows, shouting our praises;
No hard sandbanks will dint the grace of our keel.

Uncaring habit, incantation without belief
The long line, big hooks, white feathers;
But today, sudden silver of fish
And the line stiffens.

On deck, there's no shine in fish scales,
The wrestling is clumsy.
I cast the foolish apostles under a basket's lid
And wash my hands.

Cé Dúirt?

Breacadh páir faoi cheiliúr éan
Íocshláinte anama ag manach séimh
Nár bhraith ariamh ar pháirc an áir
Cioth fola, glóraíl chág.

Cleasa cait le mionluch
Tóir fealsaimh ar a fhís;
Ultach adúirt,
A chleachtaíodh claíomh roimh dhul le scríobh.

An Rí mura mbí fá do chroí,
Sa Róimh féin ní bhfaighidh tú síth;
Colm Dhoire adúirt,
Le cuimhne catha, ar oileán Í.

Turas Luaimh

Teann teann tinneallach na cordaí,
Seol beo ramhar, broinn throm ratha,
Cuaráin chúir, pailmeacha ómóis inár mbealach,
Daoscar-shlua faoileán inár ndiaidh ag liúirigh;
Dumhcha deacra do ghrásta ár gcíle ní heol.

Gnás neafaiseach (ortha gan creidiúint)
Dorú fada, duáin mhóra, cleití bána;
Ach inniu, airgead tobann éisc,
Righníonn ruainne.

Ar deic, níl solas i ngainní éisc,
Is ciotach a n-iomrascáil.
Faoi chumhdach ciseáin a chaithim na baoth-aspail,
Is ním mo lámha.

Dubhghall

I needed a safe place, a beaching place,
Seven times tired of waves and steering oar,
Of a sail filled without joy
By the come-all-ye whore of a wind in the Irish Sea.

I needed a safe place, a beaching place,
I pulled with a hempen rope
On my plough's *soc*, my sea-horse's neck,
Made a camp of the ship, made fire,
Rooted a palisade of oars till they bloomed.

The oars stand; crinked hair at my feet,
My left hand grips the targe,
A bonefire in the far hill, brands to me,
The madness gone from my baresarks –
Their backwounds from the black knives have dried.

The practice of my people is to launch the ship
To sea, chief adorned above the flame:
A ceremony impossible to one alone.
They come to me. I start the lay of the famous death.
I wait, ribs spreadeagling.

Elegy to a Patriot

My back to Antrim,
My face to the Moyle,
I whistle a stave or two
Of *'Thearlaich óig Stiúbhairt*
In Casement's Murlough.

No swans come,
But suddenly the black football of a seal's head,
Moustache wires carrying notes of seawater,
A staff notation I cannot read.

Three score years ago, and ten, in Pentonville,
Casement's skin opened to the quicklime.

We whose friends are few, in time of need,
Let them too have their understanding of love;
For in Brazil, in the Congo, even in Ireland,
The law of the churl is no help.

Daingean uaim, is foslongphort,
Mo sháith faoi seacht de thoinn, de mhaide stiúrach,
De bhroinn ag líonadh
Ag striapach liom leat de ghaoth Mhuir Meann.

Daingean uaim is foslongphort,
Tharraing mé de rópa cnáibe
Ar shoc mo chéachta, ar mhuinéal m'eich mhara,
Rinne campa de loing, d'fhadaigh tine,
Rinne páil de mhaidí rámha gur bhláthaíodar.

Seasann céaslaí; gruaig ghoirm faoi chois,
Mo chiotóg i bhfostó sa sciath,
Tine chnámh ar an chnoc údaí, dealáin chugam,
Rastra imithe de mo *sark*nochtáin,
Cneá droma na sceana dubha tirim orthu.

Is é cleacht mo shean an long a sheoladh,
Tine léi is corp gléasta taoisigh,
Fá mhuir. Deasghnáth nach acmhainn d'aonarán.
Chugam a thagaid. Tosaím laoi an bháis éachtaigh.
Fanaim, easnacha ag eitilt.

Feartlaoi ar Thírghráthóir

Droim le hAontroim,
Aghaidh le Maol,
Seinnim dreas feadóige
De 'Thearlaich óig Stiúbhairt
I Muirloch Mhic Easmainn.

Ní thagann na healaí,
Ach i dtobainne, peil dhubh de chloigeann róin,
Sreanga croiméil ag iompar nótaí sáile,
Cliathnodaireacht nach urrainn dom seinm.

Trí scór bliain ó shin, i Pentonville, is deich,
D'oscail craiceann Casement don aol bheo.

Sinne ar gann ár gcairde, am an ghátair,
Dóibhsean freisin a dtuiscint féin den ghrá;
Sa Bhreasaíl, sa Chongó, in Éirinn féin,
Dlíthe na mbodach ní cabhair dúinn.

The Lost Mountain

The mountain rises above the wood,
lost in the wood that is lost,
and we have been broken on the board of our sun
since the skies are tight.

Lost in the decline of the wood
the many-coloured images of our aspiration
since the tortured streets will not go
in the wood in a smooth synthesis.

Because Vietnam and Ulster are
heaps on Auschwitz of the bones,
and the fresh rich trees
pins on mountains of pain.

In what eternity of the mind
will South America or Belsen be put
with the sun on Sgurr Urain
and its ridges cut in snow?

Heartbreak is about the mountains
and in the woods for all their beauty,
though the restless sportive blood
rages triumphantly in the young.

The eternity of Dante and of Dugald Buchanan
an old new light to a few,
and the grey nonentity of the dust
a withered brittle comfort to more.

Paradise without the paradise of his own people,
the perplexity of the little Free Presbyterian boy:
his complaint and silent refusal
blasphemy in the throat of Geneva;

and in the throat of Rome
- though Purgatory is gentler –
the other robber on the tree
and Spartacus with his tortured army.

A' Bheinn air Chall

Tha bheinn ag éirigh os cionn na coille,
air chall anns a' choille th' air chall,
is bhristeadh sinn air clàr ar gréine
on a tha na speuran teann.

Air chall ann an aomadh na coille
ìomhaighean iomadhathach ar spéis
a chionn 's nach téid na sràidean ciùrrte
's a' choille mhaoth an cochur réidh.

A chionn 's gu bheil Vietnam 's Uladh
'nan torran air Auschwitz nan cnàmh
agus na craobhan saoibhir ùrar
'nam prìneachan air beanntan cràidh.

Dé 'n t-sìorruidheachd inntinn 's an cuirear
Aimeireaga mu Dheas no Belsen,
agus a' ghrian air Sgurr Urain
's a bhearraidhean geàrrte 'san t-sneachda?

Tha 'm bristeadh cridhe mu na beanntan
's anns na coilltean air am bòidhche
ged tha 'n fhuil mhear gu luaineach
air mire bhuadhar 'san òigridh.

Sìorruidheachd Dhante is Dhùghaill
'n seann solus ùr aig beagan
agus neoini ghlas na h-ùrach
'na comhfhurtachd chrìon phrann aig barrachd.

Pàrras gun phàrras a chuideachd,
imcheist a' ghiullain Shaoir-Chléirich:
a ghearan is a dhiùltadh sàmhach
'nan toibheum an amhaich Sineubha;

agus an amhaich na Ròimhe
- ged tha Purgadair nas ciùine –
an robair eile air a' chrann
is Spartacus le armailt chiùrrte.

124 Death Valley

Some Nazi or other has said that the Fuehrer had restored to German man-hood the 'right and joy of dying in battle'.

Sitting dead in 'Death Valley'
below the Ruweisat Ridge,
a boy with his forelock down about his cheek
and his face slate-grey;

I thought of the right and the joy
that he got from his Fuehrer,
of falling in the field of slaughter
to rise no more;

of the pomp and the fame
that he had, not alone,
though he was the most piteous to see
in a valley gone to seed

with flies about grey corpses
on a dun sand
dirty yellow and full of the rubbish
and fragments of battle.

Was the boy of the band
who abused the Jews
and Communists, or of the greater
band of those

led, from the beginning of generations,
unwillingly to the trial
and mad delirium of every war
for the sake of rulers?

Whatever his desire or mishap,
his innocence or malignity,
he showed no pleasure in his death
below the Ruweisat Ridge.

*Thubhairt Nàsach air choireigin gun tug am Furair air ais do fhir na
Gearmailte 'a' chòir agus an sonas bàs fhaotainn anns an àraich'.*

'Na shuidhe marbh an 'Glaic a' Bhàis'
fo Dhruim Ruidhìseit,
gill' òg 's a logan sìos m' a ghruaidh
's a thuar grìsionn.

Smaoinich mi air a' chòir 's an àgh
a fhuair e bho Fhurair,
bhith tuiteam ann an raon an àir
gun éirigh tuilleadh;

air a' ghreadhnachas 's air a' chliù
nach d' fhuair e 'na aonar,
ged b' esan bu bhrònaiche snuadh
ann an glaic air laomadh

le cuileagan mu chuirp ghlas'
air gainmhich lachduinn
's i salach-bhuidhe 's làn de raip
's de sprùidhlich catha.

An robh an gille air an dream
a mhàb na h-Iùdhaich
's na Comunnaich, no air an dream
bu mhotha, dhiùbh-san

a threòraicheadh bho thoiseach àl
gun deòin gu buaireadh
agus bruaillean cuthaich gach blàir
air sgàth uachdaran?

Ge b' e a dheòin-san no a chàs,
a neoichiontas no mhìorun,
cha do nochd e toileachadh 'na bhàs
fo Dhruim Ruidhìseit.

Pádraig Ó Fiannachta

Ponc

I am a fullstop
On the broad parchment
Of this world.
The sentence which precedes
Is incomplete
And in my wake – a blank.

I have been placed
At the foot of a page
To be bruised by thumb,
And fingerstained.

I pretend
That I'm an aid
To all readers
Of life's pages.
It's not so –
For none read
Till story's end
Save the Author
And He requires
No punctual aids,
No murky marks,
No fullstop.

Ponc

Ponc mé
Ar leathanphár an tsaoil.
San abairt róm níl deireadh scéil
Ach fágaim bearna im dhéidh.

Ar bhun duilleoige
Cuireadh mé,
Mar a luíonn ordóg
Is a sailíonn méar.

Ligim orm
Gur cabhair mé
Do lucht léite
Leabhair an tsaoil.
Ach ní hamhlaidh é
Mar ná léann
Ach an t-údar
Iomlán an scéil
Is ní gá dó siúd
Aon phoncaíocht bhréan.
Bréan.

My Sandcastle
Maynooth 24.i.1971

I'll build me a sandcastle
While the thought tide is at its ebb –
Armed with shovel of logic
And empty pail of knowledge.
I'll gather up all stray definitions
And worn out saws;
I'll knead them with my shovel
And bind them with many an ampersand.
I'll construct from them well-measured walls
To last all day long till noon.
Theorems I'll have for windows
And legal codes as door valves.
The classics shall be my *chevaux de frise*
And the *Táin* shall be my dyke.

When the flood shall raze my castle
Tearfully I'll turn towards home,
With my Bible in my armpit
And in my can a bristling crab
At grips with my poor shovel.

To Maggie Howley
2.ii.1971

Long live Maggie
At Finoor's crispy strand.
May the clear airy sky above you
Be never darkened by a gloomy 'clout'.

A stream of Irish Cassian words
You poured forth in welcome,
And heedless of reply
The generous flood careered
For one listener returned.

You had been left high and dry
When all your friends stole away.
For the Old Woman of Ceann Boirne
May the ebbtide be not as with Buí.
May she see the fulltide gushing free,
Now that to four score years she's added three.

(In the case of the Old Hag, Buí, the tide never returned.)

Caisleán Gainimhe
Má Nuad 24.i.1971

Déanfaidh mé caisleán gainimhe
Fad tá ina lagtrá smaointe;
Mo shluasaid loighice agam im ghlaic
Is mo channa folamh eolais.
Baileoidh mé chugam gach sainmhíniú
Is gach ráiteas caite feosaí,
Suaithfead iad go pras lem shluasaid
Agus dlúthfad iad le cónaisc.
Tógfad leo na múrtha tomhaiste
A mhairfidh go dtí tráthnóna.
Mar fhuinneoga tí beidh teoraicí
Is códaí dlí mar chomhlaí.
Mar *chevaux de frise* beidh clasaicí
Is an *Táin* mar dhíog ag fónamh.

Nuair a dhéanfaidh an lán mara
Mo chaisleán a scrios go talamh,
Fillfeasda go fuíoch abhaile;
Mo Bhíobla agam faoin ascaill,
Portán fadhbach i dtóin mo channa
Is mo shluasaid aige á snapadh.

Do Mheáigí Ní Uallaí
2.ii.1971

Saol fada chugat, a Mheáigí,
Ar bhruach na toinne i bhFionnúr.
'Gan chlabhta' go bhfana led mharthain
An spéir gheal aerach os do chionn.

Caise Chais de Ghaeilge
Thálais orm le féile.
Pé futa fata a déarfainn,
Stad ní rachadh ar do bhéalsa
Ach ag rabhartadh leis go taomach,
Fad bhí agat fear éiste.

Fágadh tú ar barra taoide
Nuair a d'éalaigh uait do ghaolta.
Ach nára dálta Caillí Béara Buí
Ag Cailleach Boirne Ní Uallaí:
Tuile is aithe gurb ea do chí
Tar éis a blianta ocht is trí.

Criostoir O'Flynn

A Saint

Why are saints so difficult to recognize
In modern times, not like long ago
When Ireland had a saint in every oak-grove,
A holy well in each townland, miracles galore?

Perhaps this new environment of television
And nuclear power is not conducive
To the cultivation of holiness? See how even priests
Are being seduced by worldliness, by the common lust.

Now on Michael's Skellig the light is an electric beam
Guiding the vessels of commerce from bank to bank,
Aeroplanes, not angels, descend on Aran, and on the hearth
Titillating farces have replaced the rosary.

I thought I had recognized a saint when
A friend of mine handed out a fist of money in God's name
To the unfortunate paralytics, money which was to have bought
For his wife and himself another holiday in Spain.

He thought he saw God in the guise of a cripple
Collecting in a wheelchair near the door of the travel agency.
"They can't even walk," he said, "how is it right for us
To fly to Valencia, and Ireland's roads at our feet?"

However, I'm in doubt again since his disturbed wife,
Deciding he was unbalanced (she was herself in doubt
At first as to where that money went), left him,
Giving him freedom and full scope to practise
His madness or his sanctity, whichever.

Naomh

Conas nach mbíonn naoimh le haithint againn
Ar na saolta deireannacha seo mar a bhíodh anallód?
Bhídís i ngach doire in Éirinn, bhíodh tobar
Beannaithe i ngach baile, míorúiltí coitianta.

An é nach bhfuil an timpeallacht nua seo
Na telefíse is an chumhacht eithnigh oiriúnach
Do chothú na naofachta? Féach na sagairt féin
Dá mealladh ag an saoltacht, ag an drúis chomónta.

An solas ar Sceilg Mhíchíl is treoirléas leictreach é
Le báirc thráchtála a threorú ó bhanc go banc,
Eitleáin in áit aingeal ar Árainn na naomh,
Fronsaí graosta cois teallaigh in áit an Phaidrín.

B'fhacthas domsa go raibh naomh aitheanta agam
Tráth bhronn cara liom mám airgid ina ghrá Dé
Ar na hainniseoirí martaithe, in áit a bhean
Is é féin á chaitheamh ar shaoire eile sa Spáinn.

B'fhacthas dó siúd gurbh é Dia i riocht cláirínigh
A shín an bosca bailiúcháin chuige ó chathaoir rotha:
"Ní thig leo siúl," ar seisean, "conas is ceadmhach dúinne
Eitilt go dtí Valencia, agus Éire le siúl againn?"

Ach táim in amhras arís ó dhearbhaigh a bhean chráite
Gur ghealt é (bhí sise in amhras ar dtús
Gur le drabhlás a caitheadh an t-airgead) agus d'fhág
Slán agus cead a chinn aige leis an naofacht
Nó an gealtachas, ceachtar acu, a chleachtadh.

Banana

O golden banana, produce of Equador,
Succulent sun-store, sensuous to finger-touch,
Brought from legendary Isles of the Blest
By voyaging heroes, you might pass,
Marvelled at, from hand to delicate hand
Along the King's table; commonplace
Now, unnoticed symbol of our progress.

Inca priests who, without machine or wheel,
Caused monstrous temples to rise sunwards
Would consult sun-dials to interpret magically
The phenomenon of your appearing here
In my hand in the bogland of Dublin.
Feeling you, I wonder whose hand
Plucked you – my fingers touch those

Of a ragged, black-eyed Indian, descendant
Of that innocent race conquered and enslaved
By sterile, sun-worshipping Inca, and later
By Christian gold-worshipping Conquistador.
This morning at our suburban supermarket,
Tossing cheap fruit into cornucopia trolley,
I smelt no evaporated human sweat.

Accursed fruit, symbol now of gold
And greed, prodding me into brooding
On man's inhumanity to man, why couldn't I,
Like our no-nonsense ancestor, the hairy ape,
Just peel and devour you? Why must I
Lose appetite and taste because I can think,
O jaundiced sickening pulpy bloody banana?

Maith do theacht, a thoraidh óir
Ó Ecuador, tír ghréine,
Ar chlár portach agus práta
Ní fhásfadh do leithéidse.

Dá dtabharfaí ó Thír-fó-thoinn
Don rí ba shólaist i dTeamhair,
Dúinne is éasca ná don Fhiann
An saol ó rianaigh chun feabhais.

Gan roth gan chabhair inneall
A dteampaill thóg treibh Inca,
Tusa chun lóin cois Life
Rachadh rite le tuiscint.

Sula scúim do chraiceann geal,
Guím rath ar an bhfear do bhain,
Lorg a mhéar ar do choirt ghlan
Samhlaím ina nasc eadrainn.

Indiach mallrosc ciardhubh dealbh
I dtír ba shealbh dá shinsear
Roimh theacht do lucht adhartha an óir,
Conquistador ná Inca.

Don stór nuair a chuas im charr
Ag soláthar ar shladmhargaíocht,
Níor bhraitheas mo bhráthair féin
I dtír i gcéin ag sclábhaíocht.

A bhanana bhuí mhealltaigh,
Domsa do mheabhraís ár locht,
Mo ghoile ó d'fhágais leamh
Do theacht liom anois is olc.

The Computer Song

Have you heard about the time I went to London?
Surely you'll say I was a fool
When I tell you about the female I got from the computer –
I'll remember the shame of it as long as I live.

One day when I was labouring on my own for Wimpey,
I sat for a bit feeling sorry for myself;
I thought it would be good if I could get hold of a daft lass,
Someone who would feed me and do my work for me as well.

I made for London and I didn't drag my feet;
I took a taxi directly to the place that would do me good:
To the damned Computadate – wasn't I in a state:
Scarcely could I fill in the application with the shaking of my hand.

I asked for a rich woman who would be fluent in Gaelic,
About seventeen years of age and not an old hag,
With a figure like Racquel Welch's and long blond hair,
And she would have to be loving at night-time.

The following afternoon as it neared three o'clock,
I stood there smartly dressed waiting to see the girl of my dreams –
Who should appear but Big Bella, the daughter of Angus, and her
    bellow was louder
Than a foghorn as she cried, "Welcome, Norman, to the place."

She stopped before me and I stretched out my hand to her:
She seized my neck and kissed me right on the street;
I didn't know which way to look, I was so ashamed –
I just shut my eyes and promptly went out for the count.

When I came round, I was as naked as a newborn babe
And she was in a frenzy 'breathalysing' me, sure that death was near:
I upped and left my clothes and fled just as I was –
Oh, I'm the first streaker who ever came from the North!

Duanag a' Choimpiutair

Hò rò, an cuala sibh mun triop a chaidh mi Lunnainn?
'S cinnteach gun can sibh gur e amadan a bh' annam
Nuair a dh'innseas mi dhuibh mun tè fhuair mi às a' choimpiutair –
Bidh cuimhn 'am air an tàmailt sin cho fad' 's a bhios mi beò.

Latha dhomh 's mi labouradh aig Wimpey 's mi nam ònar,
Shuidh mi airson greise is mi faireachdainn glè bhrònach:
Shaoil mi gum biodh e math nam faighinn grèim air òinsich –
Tè a dhèanadh dhomh mo bheathachadh is m'obair ris a' chòrr.

Rinn mi fhìn air Lunainnn 's cha robh maille air mo cheuman;
Ghabh mi tagsaidh dìreach chon an àit' a dhèanadh feum dhomh:
Gu *Computadate* na mallachd – nach mise bha 'nam èiginn:
'S gann lìonainn 'n *application* leis a' chrith a bha 'nam dhòrn.

Dh'iarr mi tè bheairteach a bhiodh fileant' anns a' Ghàidhlig,
Mu sheachd bliadhn' deug a dh'aois is chan e idir seann chrannàitseach,
Pearsa mar th' aig Raquel Welch 's falt fada, buidhe-bàn oirr' –
Agus dh'fheumadh i bhith cuideachd gu math bàidheil feadh na h-oidhch'.

Feasgar làrna-mhàireach is e teannadh air trì uairean,
Sheas mi fhìn gu spaideil feuch am faicinn tè mo dhùil-sa –
Cò nochd ach Beileag Mhòr Aonghais, 's bu nuallanaich' a bùirean
Na dùdach is i 'g èigheach, "Failte, Thormoid, dhan tìr."

Stad i air mo bheulaibh agus shìn mi fhìn mo làmh dhi:
Rug ise air m'amhaich agus phòg i air an t-sràid mi;
Cha b'aithne dhomh cò 'n taobh dhan toirinn sùil, 's bu mhòr mo naire –
'S ann a dhùin mi 'n sin mo shùilean 's nach do thuit mi an seachd neòil.

Nuair thàinig mi mun cuairt, 's ann bha mi rùisgt' mar leanabh pàisde,
'S cuthach oirre gam bhreathalyseadh 's fios aic' gur e 'm bàs e:
Dh'fhàg mi mo chuid aodaich agus theich mi mar a bha mi –
O, is mise a' chiad *streaker* thàinig riamh às an taobh tuath!

Let's sing and be cheery,
Let's sing a song in praise of my beloved land,
Stand proudly for the honour of our country,
Sing and pass round the bowl.

Beloved Scotland, Oh, you are my joy,
Never was seen anything to surpass
Your bens with the sun gilding them –
You will always be the top of my lay.

Long and endless is the year's Winter,
Long-lasting is the night that blinds the eye:
But not for ever will the dark clouds remain –
The great day of our hopes will come yet.

The heavens will sparkle in the new heat of the sun,
Tears will depart like dews on grass;
A thousand blessings on those who listen
To a song that puts sadness to flight.

The Meeting of One Night

Before you became part of my mind my condition was miserable –
Blind in my prison, I could see no virtue;
But you wakened me, fair one of the liquid eyes,
Scales fell from my eyes, and my night turned to day.

You brought the dreams of my youth with your smile to fulfilment,
Your beauty immediately blessed my world,
The radiance of your face made a promise to my heart
That you would bring about my re-birth and that I would move with
    assurance.

Although it was not fated that I should have any right over you,
I received from you a favour that I would not sell for gold:
You strengthened my relationship with the rest of mankind,
You diminished the wasteland of my existence and gave me a lasting
    warmth for my old age.

Togaibh fonn 's bitheamaid sunndach,
Togaibh fonn air tìr mo luaidh;
Seasaibh gu pròiseil onair ar dùthcha,
Togaibh fonn 's cuiribh stòp mun cuairt.

Alba mo rùin, O 's tu mo shòlas,
Riamh chan fhacas na thug bàrr
Air do bheanntan 's grian gan òradh –
Bidh thu air thùs mo dhàin.

'S fhada gun chrìch tha Dùbhlachd na bliadhna,
'S buan an oidhche chuir dalladh air sùil:
Chan ann gu bràth a mhaireas na ciar-neòil –
Thig fhathast là mòr ar dùil.

Boillsgidh an speur le ùr-theas na grèine,
Falbhaidh na deòir mar dhriùchd air lòn;
Mìle beannachd air na dh'èisdeas
Ri fonn chuireas ruaig air bròn.

Còmhdhail na h-Aon Oidhche

Mun do bhuail thu air m'inntinn bha m'chàs-sa glè thruagh –
Dall na mo phrìosan, chan fhaicinn ann buadh;
Ach rinn thu mo dhùsgadh, thè bhàn nan sùl tlàth,
'S thuit sgàil bho mo shùilean, 's chaidh m'oidhche gu là.

Thug thu bruadaran m'òige le d'ghàire gu ceann,
Bheannaich do bhòidhchead mo shaoghal san àm,
Bha soillseachd do ghnùise toirt geallaidh do m'chrìdh'-s'
Gun dèanadh tu m'ùr-bhreith 's gun gluaisinn le cinnt.

Ged nach robh e 'n dàn dhomh gum faighinn ort còir,
Fhuair mi bhuat fàbhar nach reicinn air òr:
'S tu neartaich mo chàirdeas do chloinn chinne-daonn',
'S tu lughdaich dhomh m'fhàsachd 's thug blàths buan do m'aois.

Mícheál Ó hAirtnéide

The Hare

It was a green world.
Green thoughts were
twisting quietly
in the field of her mind.
Cattle-smell, milk-smell:
swelling of sweet roots
under ground.

She heard thunder.
The sky fell on her back.
The hill swallowed the sun:
the world was quenched
like a match on a windy day.
The litter moved inside
the live fur of her belly.
Her eyes were open,
the scum of death destroying
all the joy,
all the brightness.

Forgive me, girl:
I had no knife
to set your children free.
Forgive me.

A Necklace of Wrens

When I was a young boy, long ago,
        I found a nest.
The fledglings were feathered and grown,
        screeching like hell.

They rose up – and landed
        again on my breast.
I wore a necklace of plumage
        in the wet meadow.

An Giorria

Ba dhomhan glas é.
Bhí smaointe glasa
ag lúbadh go ciúin
i bpáirc a haigne.
Boladh bó, boladh bainne –
forbairt fhréamh-mhilis
faoi thalamh.

Chuala sí toirneach.
Thit an spéir ar a droim.
D'alp an sliabh an ghrian siar.
Múchadh an domhan
mar chipín solais lá gaoithe.
Bhíog a hál istigh faoi chlúmh beo
a boilg.
Bhí a súile ar oscailt,
screamh an bháis ag lot
an ghliondair,
ag lot na loinreach.

Maith dom é, a chailín.
Ní raibh aon scian agam
chun do chlann a shábháil.
Maith dom é.

An Muince Dreoilíní

I mo bhuachaill óg, fadó,
        d'aimsíos nead.
Bhí na gearrcaigh clúmhtha, fásta,
        is iad ag scread.

D'éirigh siad – is thuirling
        arís ar m'ucht.
Ormsa bhí muince clúimh
        sa mhóinéar fliuch.

I was not human, just a branch
     or a heap of stones:
there was a strangeness they did not know
     beating in my breast.

That was the day when came the art
     that demands respect:
and their talons left scars on me
     that never healed.

Moon-Snow, 1977

Myself out at night,
kicking snow-gems in a field:
each house frozen, each rook's nest
like a black moon beside the real one.
Myself dancing under the moon –
an ancient dance set to pulse-music:
and myself lonely – the ancient loneliness.

Over the horizon there's torture and wounding
and death, sneering,
hands in his pockets,
stands at the street corners,
whistling in the street.
And myself in the moon-snow
praising a rook's nest,
the poet, arrogant, verbose, safe.

Níor dhuine mé ach géag crainn
     nó carn cloch,
ach bhí iontas crua nár bhraith siad
     ag bualadh faoi m'ucht.

B'in an lá ar thuirling ceird
     a éilíonn ómós:
is d'fhág a n-ingne forba orm
     nár leigheasadh fós.

Sneachta Gealaí '77

Mé féin faoin aer san oíche,
ag speachadh seoda sneachta i bpáirc,
gach teach reoite, gach nead phréacháin
mar ghealach dhubh ag snámh le hais na fíor-ré.
Mé féin ag damhsa faoin ngealach,
seanrince gan cheol leis ach ceol cuisle:
is mé féin go huaigneach – an seanuaigneas.

Thar imeall na spéire tá céasadh is goin
is an bás go fonóideach,
a lámha ina phóca,
ag feadaíl sa tsráid;
mé féin sa sneachta gealaí
ag moladh nead phréacháin –
an file go sotalach, foclach, slán.

The Solitary

A being is walking
through the night,
footsteps are striking
into the hungry darkness.

Outside of the temple
where the crowds gather
the shoes are beating out
a sound from the cold.

The people inside now
are leaving politely –
a person here, a person there,
in neat conversation.

When they see the noise
coming in human form,
they look towards it
and examine the features.

And the voice of authority speaks
from their midst with shrewd confidence
within hearing of his ears:
'Who is that snooping around?'

'What excuse has he
for being abroad at this time of night?
The shadow passed through the gate just now!
There is harm in his mind!'

Loudly again speaks
the sharp voice to him,
and the shade replies
oddly and low:

'I am a lost spirit searching,
dallying around,
always on my course
seeking a candle . . .

And don't you be worried,
there is no danger that I will return,
the loneliness will snatch me
far away from people . . . '

An tAonarán

Tá neach ag siúl
tríd an oíche,
coiscéimeanna ag bualadh
sa doircheacht chíocrach.

Lasmuigh den teampall
mar a mbailíonn na sluaite
tá a bhróga ag pleancadh
a bhfothram fuachta.

Tá an dream laistigh anois
ag scaipeadh go béasach –
duine anseo is duine ansiúd
i gcomhrá go néata.

Nuair a chíonn siad an fhuaim
ag teacht i gcrot daonna,
féachann ina threo
agus scrúdaíonn na gnéithe.

Agus deir an guth ceannasach
as a measc siúd le cinnteacht
i gclos dá chluasa:
'Cé siúd ag smúrthaíocht timpeall?'

'Cén leithscéal atá aige
le bheith amuigh istoíche?
Chuaigh an scáth tríd an ngeata anois!
Tá díobháil ina intinn!'

Labhrann go hard
an géarghuth arís leis,
is freagraíonn an scáil
go haonarach íseal:

'Sprid chaillte mé ag cuardach,
ag crochadh timpeall,
ag síorthabhairt mo chúrsa
ag lorg coinnle . . .

Agus ná bígí buartha,
ní baol go bhfillfead,
sciobfaidh an t-uaigneas
chun siúil mé ó dhaoine . . . '

The sky is high and motionless, like a donkey on strike,
a lone man is waving furiously like a lunatic,
and underneath his feet the very sod stirs . . .

The ground is in motion, the great sea stands still,
but the silhouette of a man thinks the direct opposite . . .

He threatens all alone with hand, mouth and blood,
the silence remains a coarse clean blanket on the sky, on the sea . . .

My eyes become shaded, and this sight is swallowed,
in the swampland of memory the little man of fervour . . .

Bard of the Universe

The sun rose today from her shadow cold,
she came on silent feet over field and hill,
in the chill of the morning her appearance was wan,
but a freshness was in the soft strength dripping through my body.

That freshness and strength – the growth and decay –
are a freshness and strength that were there long ago,
continually whirling round and returning in new garb,
through things and through beings they pulsate forever.

From the same land's face on a quiet ancient day
the terrain was like this terrain, except that growth was wild,
the antlers of the great elk were measuring time against the horizon
and the dull thud of mammoth feet on this ground to the west.

An old chain connecting as an eerie stream of wisdom,
morning light on every turn revealing primal art . . .

Sleamhnú

Tá an spéir ard ró-shocair, mar asal ar stailc,
tá fear aonair ag bagairt le fustar mar ghealt –
is thíos faoina chosa tá an fód féin ag bogadh . . .

Tá an talamh ag gluaiseacht, tá an ardmhuir ina stad,
ach is dóigh leis an gcló fir a mhalairt sin glan . . .

Ag bagairt san uaigneas – lámh, béal agus fuil –
is an tost mar bhrat crua-ghlan ar spéir is ar mhuir . . .

Tagann scáth ar mo shúile, is slogtar an radharc seo,
i seascann mo chuimhne an firín beag faghartha . . .

An Bard Bithbhuan

D'éirigh an ghrian as a scáth fuar inniu,
tháinig sí ar chosa tostmhara thar páirc is thar cnoc –
i bhfuacht na maidne ba dhealbh é a cruth –
ach bhí úire sa bhogneart ag sileadh trím chorp.

An úire is an neart úd – an fás is an feo –
is úire is is neart iad a bhí ann fadó,
ag síorchasadh timpeall is ag teacht in athchló,
trí nithe is trí neacha ag bíogadh go deo.

Ón dreach chéanna tíre ar mhaidin chiúin chian
agus raon mar an raon seo ach an fásra a bheith fiain,
bhí beann mhór na heilce ag tomhas ama san íor
is tollshiúl ag an mamat ar an talamh seo thiar.

Slabhra ársa ceangail mar shruth feasa ró-íogair,
solas maidne gach casadh foilsiú sean-ealaíne . . .

     Duncan MacLaren

Clydebank – Scenes

1
I sometimes dream that you are
an island afloat
between Barra and the end of Heaven
and that the only speech on the tongues of your people
is the the language of the Hebrides
and –
somehow –
the mists would put a poultice
on your stinking houses
and it wouldn't be vomit on the street
but bog-cotton
and your rusty river
would be a dark green sea.
And, in the faces of your people,
the wrinkles of their wretchedness
would be only the lash of wind and waves
and –
somehow –
your grinding poverty
would be diminished.

2
Christmas-time and lines of yellow lights
here and there over the big streets,
a wisp of light afloat in the dark
in remembrance of the season.

In a corner, near Woolie's,
a small, poor, tiny cradle,
1690 scratched on the Virgin's face,
a smile on her countenance and a bitter gob of spit
dripping from the eye.

Clydebank – Seallaidhean

1
Bidh bruadar air uair agam
's tu 'nad eilean
air bhog eadar Barraigh 's ceann Nèimh,
's gun labhairt air teanga do shlòigh
ach cainnt nan Innse Gall
agus
air dòigh nach tuig mi
chuireadh na ceòthannan ceirean
air do thaighean lobhaidh
's cha bhiodh dìobhairt air an t-sràid
ach canach
agus t'abhainn mheirgeach
'na muir uain-neulach.
Agus air aghaidhean do shlòigh
cha bhiodh ann am preasan an dìblidheachd
ach cuipeadh na gaoith 's nan tonn
agus
air dòigh nan tuig mi
thigeadh lughdachadh air
do bhochdainn chràidh.

2
Am na Nollaig is solasan buidhe
'nan sreath thar nan sràidean
mòra, sgapte, an siud 's an seo,
sop solais air bhog san duibhre
mar chuimhneachan air an tìd'.

Ann an cearn, faisg air Woolie's,
creathall bheag, bhìodach, bhochd,
1690 air a sgròbadh thar aodann Muire,
gàir' air a gnùis is smugaid shearbh
a' snigheadh on t-sùil.

Scottish Soldier, Ulster, 20th Century

He put behind him
the grey tenements
with their pools of drunkenness
and cigarettes and ash
and rats dragging themselves
across fatty floors.

He was given clean clothes.

He put behind him
the din of his brothers
coughing blood
and the gulping of bitter
milk in his mouth
and the neighing of horses on a screen.

He was given an enemy and a gun of peace.

He put behind him
the rows of beggars,
men with scowls,
women with forced smiles
and the scar of blood on his youth,
but they accompanied him.

He was given rose-red lips in his breast.

Chuir e air a chùl
na bothannan glasa
le puill na misg
is toit is luaithre
is radain gan slaodadh
thar ùrlaran saille.

Thugadh dha aodach glan.

Chuir e air a chùl
gaoir a bhràithrean
a' casadaich fala
is slugadh a' bhainne
bha searbh 'na bheul
is sitrich nan each air clàr.

Thugadh dha nàmhaid is gunna sìthe.

Chuir e air a chùl
sreathannan dhèirceach,
fir le drèin,
mnathan le plìon
is sgorr fala air òige,
ach thàinig iad maille ris.

Thugadh dha lipean ròs-dhearga 'na bhroilleach.

Mícheál Ó hUanacháin

Dangerous Thoughts

Freedom is easier in bondage than outside.
The warders walk past,
looking without looking.
They don't disturb you.
                                    You have
the full unbounded range of your mind
to wander
under the hot sun of an ideal, a breeze
of analysis light on your face.
Be satisfied with this freedom;
build castles of philosophy, rule
masses of images.

But beware of the world outside:
things, actions, people – these are chains.

Summer Circus

Sudden sound of the brass trumpet
announces the start of the confusion.

Look, there's nothing in my pocket bar the
little grain of dust I show
like this
and instantly they're all there
the lionkeeper and the elephant man
leapers and throwers
a taut highwire
swift beautiful horses
and the people who laugh.

Smaointe Dainséaracha

Is fusa bheith saor i ngéibhinn ná ar mhachaire.
Siúlann na bairdéir tharat,
ag breathnú gan bhreathnú.
Ní chuirtear isteach ort.
                    Tá réimse
iomlán neamhtheoranta d'aigne agat
le spaisteoireacht
faoi ghrian te idéil, leoithne
taifigh go bog ar d'aghaidh.
Bain sásamh as an saoirse seo;
tóg caisleáin fealsúnachta, rialaigh
sluaite samhailtí.

Ach fairigh an saol amuigh:
cuibhreacha rudaí, gníomhartha, daoine.

Siorcas an tSamhraidh
pour le jongleur, s.v.p.

Torann obann na dtrumpaí práis
ag fógairt tús an rí-rá.

Féach, níl rud ar bith im phóca ach an gráinnín
beag dusta a tharraingím
mar sin
agus láithreach táid uilig ann
fear na leon agus fear na dtrod
lucht léime agus caite
líne dhocht ard
capaill mheara áille
agus an mhuintir a gháireann.

There's a master there, the man
who handles everything
and holds the controls tight in his hand.
Crack:
and the joy is under way.
The sun leaps in its course
and the stars darken.
Here are the artificial lights that create
a brand new world around,
a world that doesn't exist outside
this mental light
by which it's made.

The deaf unrealistic crowd applauds
approving though they don't understand
any figure that they see
and the players continue:
see what you will, do what is
to be done, throw butts in the water
of the highdiver, spit on the face of the coloured girl.
Here come the lion, the otter
and the time-wizard –
Yah!
there's no magic that kills the law
of reality, not any longer,
say the people.
Look though,
in the wink of an eye there's a fall
an end to joy
a sad last curtain
and back comes the solitary
grain of dust.

The moon is crying
cloudy tears
and I call, I scream out loud
　　　"The circus is broken!"

Tá taoiseach ann, an fear
a láimhseálann gach aon rud,
agus an stiúir go daingean ina láimh aige.
Preabann
agus tá gach greann faoi lántsiúl.
Léimeann an ghrian laistigh dá cúrsa
agus dorchaíonn na réalta.
Seo chugainn na soilse bréige a chruthaíonn
domhan úrnua sa timpeallacht,
domhan nach maireann lasmuigh
den solas intinne seo
a gcruthaítear leis é.

Gáireann an slua bodhar neamhréadúil
liú molta cé nach dtuigeann
figiúr dá bhfeiceann
agus leanann lucht imeartha leo:
feicigí bhur rogha, déanaigí a bhfuil
le déanamh, caitear toitíní in uisce
an tomadóra, seile ar aghaidh an chailín dhaite.
Seo chugainn an leon, an dobharchú
agus draoi an ama –
Preit:
níl aon draíocht a mharaíonn dlí
na réadachta, níl a thuilleadh,
a deireann na daoine.
Féach áfach,
i bpreabadh na súl tá titim ann
deireadh le háthas
cuirtín duairc deireanach
agus ar ais chugam an gráinnín
aonaránach dusta.

Tá an ghealach ag gol
de dheora scamallacha
agus glaoim, screadaim os ard amach
               "Tá an siorcas briste!"

The Charioteer

In a Greek museum there is a statue of a charioteer with one of his arms missing, and this man of metal is a marvellous sight, standing so long after others like him.

One cannot but marvel at the loyalty of the man who, though maimed, would not miss his chance or loosen his grip. The reins of the horse are twisted around his fingers, and his eyes are eager as he watches the course.

This horseless rider would be of little interest were it not for the history that is obvious from his moulding. His horse abandoned him because of too much goading, and no one can blame him if he loses his way.

Those who come to watch the man, who was designed many years before Christ was born, cannot stop talking about and praising the craftsman, as our friend so patiently eyes his goal.

Long-suffering is very necessary for a man who would not give in to the horse of desire. But has his stand any value for a rider if the race is over before his turn comes?

An Carbadóir

Tá dealbh sa Ghréig
in iarsmalann phoiblí
d'ara ar leathláimh.
Tá an capall ar iarraidh
le gur mór an feic
an duine den mhiotal
ina sheasamh chomh fada
i ndiaidh a chineáil.

Dílseacht an fhir
is curtha i suim
nach gcaillfeadh a dheis
ná a ghreim ar a mháchail
ach srian an eich
faoi na méara casta
agus bior ar a shúil
ag déanamh an bhealaigh.

An marcach gan chapall
ba bheag de mhaith
mura mbeadh an scéal
is léir sa mhúnla,
is an bromach ó d'éalaigh
ar iomad na broide
níor thógtha ar an mac
dá gcaillfeadh a eolas.

An dream a thagann
ag breathnú an fhir
a ceapadh na blianta
sular tháinig an Tiarna,
níl stad ar an mbéal
ach ag moladh an cheardaí
is mo dhuine chomh foighneach
ag faire na sprice.

Fulaingt an mharcaigh
is maith ag an bhfear
nach ligfeadh a cheann
le capall a mhéine,
ach a sheasamh an fiú
le fear an eich
má ritheadh an rás
a sheal sular tháinig?

This evening as I put my hand to the cock of hay in the field, the dew of night was falling as is usual during a fine spell, and there came to my mind the woman

we saw today in the bar – myself and two companions and a distant relative. We were in the back of the room, speaking low and drinking

when someone mentioned the girl with a cup of coffee at the table, and someone made a joke about crops that were still to be plundered. As I lovingly fondled the tresses

that were moist with autumn dew, her image fled from my mind and nothing remained but a nameless shadow. There was a new moon in the sky, and a few stars as well.

Lámh nuair a leag mé anocht
ar an gcoca féir sa gharraí
agus drúcht na hoíche ag titim
mar is gnách in aimsir theaspaigh,
chorraigh i mo chuimhne an bhean

a chonaiceamar inniu san óstlann –
mé féin agus beirt chompánach
agus gaol i bhfad amach.
I gcúl an tseomra a bhíomar
ag caint os íseal is ag ól –

luaigh duine an mhaighdean
le cúpan caife ag an mbord
agus duine rinne magadh
faoin mbarr a bhí fós le creachadh.
Nuair a shlíoc mé le gean na duail

a bhí tais le drúcht an fhómhair,
theith as mo chloigeann a deilbh
is níor fhan ach scáil gan ainm.
Bhí gealach nua ar an spéir
agus réalta nó dhó ina teannta.

    Duncan MacLeod

Avranches, 1984

Evening, mild and tranquil,
the town so attractive
with its Christmas lights
brilliant, gleaming,

festivity in the air,
joyful voices all around,
Echo sifting them
from the stones of the defending towers;

imagination filling in
the gaps in the sifting;
with the thunder and screeching
of shells tearing,

draining dry the hardships,
the legacy of that devil,
the twisted little Fuhrer,
with the blood of the young, noble, brave.

Forty years
since your borders shook
with the clangour and mutilation of war.

May your Christmas last throughout the year
and the peace-loving speech of your Christ
be on the lips of all who come near you.

You Went Away . . .

At the dawning of my day
you went away,
and my sun did not rise
to its height, through clouds,
for many a year.

Avranches, 1984

Feasgar ciùin, socair,
am baile 'na mhaise
le solais na Nollaig
deàlrach, lasrach,

greadhnachas san iarmailt,
guthan gàirdeachais ag iathadh,
's mac-talla ghan criathradh
bho chlachan nan dìon-thùr;

mac-meanmna ri lìonadh
sgoltan a' chriathraidh,
tàirneanaich, is sgreuchail
nan sligean a' reubadh,

a' dèabhadh nan deuchainn,
dìleab an diabhail ud,
Fùrair beag fiarach,
le fuil nam fear òg, allail, treun.

Dà fhichead bliadhna
bho chriothnaich do chrìochan
le faram is riasladh a' bhlàir.

Maireadh Nollaig a' bhliadhna
's biodh sìth-chainnt do Chrìosda
air bilean na thriallas gu d'làthair.

Dh'fhalbh Thu . . .

Ann am briseadh an latha
dh'fhalbh thu,
's cha do dh'èirich grian
gu h-àirde, tro neul,
airson iomadach bliadhn'.

You left me,
tortured,
seeking protection
from emptiness, and the pain
of longing,
with the lie that never admitted
that I ever knew your face
so beloved;
that I kissed the mouth,
the lips soft and warm;
that I suckled the breast,
the pillow of that cherished bosom,
caressed and shielded by the strength
of your arm.

In the confusion of memories,
visions of a burial; assembled
on the field, round a skiff bereft of sails,
rid of the raging seas,
dry land beneath its stem,
its keel supported by the smooth rock,
a Sunday-suited congregation
ferrying back a vessel,
bent with grief.

Beyond the horizon of clarity
the bones of a vision to be rejected;
the narrow, cold coffin of death
on the tired, rotten ribs
of the bier – lying –
without a soul in sight
to carry it, to lay it to rest.

Without a soul in sight.

Dh'fhàg thu mi,
is cràiteach mi,
a' sireadh mo dhìon
bho fhalamhachd, 's pian
na h-ionndrain, bho bhreug
nach do dh'aidich a riamh
gun aithnichean an ìomhaigh
ghràdhaicht';
gun do phòg mi am beul,
na bilean, ciùin, mèath;
gun do dheoghail mi chìoch,
cluasag achlais mo mhiann,
paisgt' an sgiath agus neart
do ghàirdein.

Ann am bruaillean mo chuimhne,
sgàilean adhlacaidh: cruinn
air an raon, sgoth gun sheòl,
cuidhteas onfhadh na fairge,
talamh tioram fo sròin,
carraig chòmhnard fo druim;
is coithional na deise Shàbaid
ag aiseag bàta,
crom le bron.

Thar fàire na soillseachd
cnàmhan dealbh bha ri dhiùltadh;
ciste fhuar, chaol na crìche
air asnaichean sgìth, loibht'
na h-eileatrom, sìnte,
gun anam 'na h-àrainn
gu giùlain, gu càradh.

Gun anam 'na h-àrainn.

Brian Ó Maoileoin

The Tree

Youth itself grows old,
but I see its mould in that old man
who was lopped before his day
and who lay, a fresh bud, in the soil
when the tree was axed.
The branches would sponge
off the flower.

They should have no joy,
but here's to the youth of that old man;
his tree-time has not yet gone
and he will show by the light in his eye
and its tear
what way I should go,
for I mean to re-grow the tree.

With my youth receding fast,
I don't know how hard the task will be;
but I will have recourse to the old
and I'll borrow some of their youth,
lest in my eagerness I miss the grub
that lies in wait for the flower.

Prodigus

Accord me a welcome, my people,
open wide the doors of your houses;
I shall go in and sit among you
who, in your own way, have plenty.

I, too, was left short,
I who didn't give in to the lie,
who didn't touch the mocking drink
nor even sniffed at the cakes they threw us.

An Crann

I gcuimhne ar Bhrian Ó Chéilleachair

Tá an óige féin ag éirí sean,
ach tchím a rian sa chrannaí thall
a scoitheadh roimh a lá
's a luigh 'na bhachlóig úir sa chré
iar dtuadh an stoic:
ba chrann na ngéag
ag stucaireacht ar bhláth.

Rath ná raibh orthu;
ach moltar óige an chríonntaigh thall;
a sheal crainn níl tugtha fós
's neosfaidh le glinne a shúile
's lena deoir
cén treo a mbeidh mo thriall
nó is mian liom an crann
a chur suas.

Duas an ghnímh ní heol domh,
's m'óige ag cúlú go teann,
ach rachad i muinín na sean
's a n-óige ar iasacht gheobhad,
leisc le díograis nach bhfeicfead an chnuimh
atá ag feitheamh le teacht na mbláth.

Prodigus

Fearaigí fáilte romham, a dhaoine;
fágaigí foscailte doirse bhur dtithe.
Rachad isteach agus suífead 'bhur measc;
ibhse 'tá sách, ar bhur ndóigh.

Fágadh mise fosta gan lón:
mise, más fíor, nár ghéill don bhréig,
nár ól deoch an aoir, nach raibh ag smúrthacht féin
de na cístí a chaith siad óna dtáblaí anuas.

Fifteen years digging and harrowing,
mindful only of the harvest which never came,
with all best wishes from the wise men
who deigned to let my youth come on.

Tinkering only with foreign food,
I gorged myself on the local fare,
hungering and thirsting for justice
until I had my fill.

Empty as I am, Sartre, Hemingway, Marx, De Chardin,
Kierkegaard, Plato (not to mention Joyce),
only surnames, unlike Shakespeare
and Christ.

Listen, my people, I shout it on high:
I've only let thirty-three years slip by.

I shall walk hand in hand with you, my people;
you who are blind to things which blinded me,
who did not hear the tortured, pleading cry
but who still suffered the pain.

Accord me a welcome, my people;
I who am knocking at the door of your hospitality.
It shall be opened to us
if we knock together.

Kenya, December 1969

Fellow-Feeling
For an unknown singer at the Mod, 1965

I see Mull, the land of your youth,
Though I've never walked its shore:
The wind in its sails is the sound of your song,
The mist on its great cliffs the mist in your eye.

Cúig bliana déag ag rómhar 's ag fuirseadh
gan a dhath ar m'aird ach fómhar nach dtáinig,
le gach dea-ghuí ó dhaoine críonna
a thoiligh ligint do m'óige theacht.

Ag ámhailligh liom ar lón ón iasacht,
rinne mé craos san iothlainn Ghaelaigh
chun cothrom na Féinne le cíocras ciapthach
go bhfuair lena linn mo sháith.

Folamh 's mar táim: Sartre, Hemingway, Marx, De Chardin,
Kierkegaard, Plato (ní áirím Joyce)?
's gan iontu ach sloinnte, murb ionann 's Shakespeare
agus Críost –

Éist liom, a phobail, scairtim go hard é:
Níl ach trí bliana 's tríocha agam curtha amú.

Siúlfad lámh ar láimh libh, a phobail,
libhse atá dall ar nithe a dhall mé,
nach gcuala an uaill impíoch chráite,
ach a d'fhulaing fosta an phian.

Fearaigí fáilte romham, a dhaoine,
romhamsa 'tá ag bualadh ar dhoras bhur bhféile;
fosclófar dúinn
má bhuaileam le chéile.

An Chéinia, Nollaig 1969

Comhbháidh
Do cheoltóir anaithnid ag Mód na hAlban, 1965

Tchím Muile, dúthaigh d'óige,
Cé nár shiúil mé taobh a cuain:
Gaoth a seolta fuaim do cheolta;
Ceo a mórbheann an ceo 'do shúil.

The Pagan Too Has His Version of Charity

Press in to me, O my comrade in sorrowing,
and I will repay you in kind;
I desire to bring on forgetfulness for a little while
and will you come that little while to Tír na nÓg?
       Yes, do that, lie in to my side
       if that is the assuaging of your affliction,
       sooner would kindred friends take
       unfair advantage of each other
       than would life's disillusioned children.

You and I were begotten, my dear friend,
without full permision from either of us;
obligation beyond our capacity was imposed upon us
and we were taught to be thankful for every tribulation.
       Therefore I kiss you innocuously tonight
       and I lie to your breast as an act of friendship
       that we may ascend the Peak of Music
       through listening to the lamenting
       and to the affection of each other
       here below in the Valley of the Young of the Tears.

Aisling na nAisling 1
(*aisling*: dream, vision, ideal)

Hail and Farewell! Your image is graven

stamped and burnt into me, nor do I complain;
I do not seek, just as you did not seek, rights
and who is it would set statute and obligation on the two of us?

A counted thousand of attracting virtues
in you from the beginning I found – I used cover them over
because the words used to flee before me

along the pathways of the mind like mad people,
the frenzied twist frozen in the rigid neck,
one great eye askew backwards on the track and one eye

Ní Bhíonn an Páganach gan a Chuid Féin den Charthanacht

Dlúthaigh liom, a chompáin i mbrón,
is díolfad leat an comhar céanna;
is mian liom seal beag dearmata a dhéanamh
is an dtriallfá liom an seal go Tír na nÓg?
       Sea, déan sin, luigh isteach le mo chlí,
       más é sin íc do pheannaidese,
       is túisce bhéarfadh cairde gaoil
       ar dhrochbhuntáiste ar a chéile
       ná mar bhéarfadh clann díomách an tsaoil.

Do gineadh mé is tú, a stóir,
gan cead ceart ó cheachtar againn;
do cuireadh orainn dualgas thar ár n-acmhainn
is do múineadh dúinn bheith buíoch fá gach trioblóid.
       Seo – pógaim thú gan cham anocht
       is luím le d'ucht mar charthanas
       go ndéanfam suas ar Bheann na gCeol
       trí éisteacht ghoil is geana a chéile
       anseo thíos i nGleann na nÓg na nDeor.

Aisling na nAisling 1

Ave atque vale! Tá d'íomhá greanta

buailte dóite ionam, ná ní cás liom é;
ní éilím, mar nár éilís-se, cearta
is cé chuirfeadh reacht nó dual orainn beirt?

Míle áirimh de shubháilcí so-mheallta
ionatsa ón dtús fuaireas – dhéanainn a gceilt
de bhrí go dteitheadh romham na focla

fá chonairibh na hintinne ina ngeilt,
an bac buile sioctha san muin dolba,
súil mhór sceamhach don lorg siar agus súil

168   forward with no sight in it but a dark mass.
I used to give up that chase each time,
but even today out of desire I think back

on the fitting nature of the communing of lovers in secret tryst
and of the reflowering like the jasmine
in the chaste garden of cold memories

with its bare stripped branch-limbs. I possess a
shadow, although it is a long time now since were made permanent
in the mind the aislings. A soul firms

in an aisling and its (the aisling's) begetting, and with the speed
of begetting: there is a life in store for it – a period
of time and a place among the stern youth

who do not seek and who do not grant mercy.
Indeed it is not untrue to say that an aisling governs
with a conscience-like power; but yet

it is the passing time which is the healer, the smoothener;
and when reference will come to be made to the past
very little is the reference which will be made to an aisling.

Time comes droppingly in its age-old blind manner
playing and abrading after the manner
of the weather-time itself along the fresh edge

of notches and of gapped scorings on the rough flagstone
and here, far from the range of eyes,
frondose lichen will spread greedily

over this notched ogham staff of runes.
This barren stone will continue to exist like a monk
in the desert meditating and reciting

the mysteries on the empty air psalmodically
but this scripture is forever unintelligible
now; the altar is thrown down; the prophecies

have not been fulfilled and the religion
has been submerged which once was widespread and strong.

roimhe gan léargas inti ach cnap dorcha.
D'éirínn as an dtóir sin gach uair mar chúis,
ach inniu féin as barr dúile meabhraím

ar chóir chaidrimh na leannán i ndáil rúin
is ar an athbhláthú mar an tseasmaín
i ngarralus geanmnaí na gcuimhní fuar

gona géaga loma nochta. Sealbhaím
scáile, cé fada anois ó deineadh buan
san aigne na haislingí. Cruann anam

in aisling san ghineadh di, is ar luas
an ghinte: bíonn beatha i ndán di – achar
ama agus ionad ar an chrua-ógbhuíon

ná hiarrann is ná tugann anacal.
Go deimhin ní bréag a rá go rialaíonn
aisling le cumas coinsiasa; ach fós

sé an aimsir an cneasaí, an míníoch,
is san am a dtráchtfar ar an allód
is ró-bheag an trácht a bhéas ar aisling.

Tig am go braonmhar ar a sheandallnós
ag imirt is ag líomhadh in aithris
na síonaimsire féin fá chiumhais úr

na ngága is na gclais fearbach san ngairbhlic
agus anseo, i gcéin ó réim na súl,
spréifidh an clúmh duileascair go hamplach

thar an chraoibh eagach oghaim seo na rún.
Mairfidh an chloch aimrid seo mar mhanach
ar an bhfásach ag machnamh is ag rá

na rún ar an aer folamh go salmach
ach is do-thuigthe an scrioptúir seo go bráth
anois; tá an altóir ar lár; ní tháinig

ann do na tairngirí is d'imigh bá
ar an reiligiún bhíodh fairsing láidir.

the contention

there's a kyle between us tonight
i on my island, you on yours.
one word from you, love, and i'll beat
with oars like scart's wings the waves.
there'll be accord between us tonight.

glen remote

plan crossing
so high it can't be heard
ship going down the ocean
far out on the horizon

a part of the world
travelling travelling

in this village
people only travel once
and the stones that made walls
become cairns

an aimhreit

the caolas eadarainn a-nochd
mis' air m'eilean, thus' air d'eilean-sa.
aon fhacal bhuat, a luaidh, is buailidh
mi le ràimh mar sgiathan sgairbh na tuinn.
bidh eòlas eadarainn a-nochd.

gleann fadamach

plèan a' dol tarsainn
cho àrd 's nach cluinnear i
long a' dol sìos an cuan
ach fada mach air fàire

cuid dhen t-saoghal
a' siubhal 's a' siubhal

sa bhaile seo
chan eileas a' siubhal ach an aon uair
's na clachan a rinn ballaichean
a' dol 'nan càirn

the white hind

i take the mountain road   high
amid the grey-red knolls
observing the hind
                              "seeking her love"
the carefree sun
is in the sky already and the sliver
of the old moon
                         goes to rest behind
the two peaks in the ridge which
beckon to each other as they always have

i'd wish, rather than travel,
to be close to you
                         my white hind
and not wakened yet

that's not to be this time
as the last star of night goes out
you are far from me now as i travel the mountain road
uncertain whether you are awake
or whether i have a place in your dreams

"tell us something new," say the philosophers
as if their words could stop the hunter
as i go to sit behind a desk
where you will come between my pen and paper
hide-and-seek among the branched columns of my ledger
your distracting illusory visit will slow the clock and
completely unbalance my judgement
my food will be without appearance or essence
and when i'm drinking i know
i'll not see the cup
you'll be a star at the back of my mind
so bright you'll extinguish the sun

but my thought will be on the other hunt
where the indifferent weapons are carried
on the shoulders of stalkers who
don't know your beauty
not your caresses they want
but the hunt
            the hunt and
            the gutting blow
                              my white hind
                              o my white hind

mi gabhail rathad na beinne   àrd
am measg nan tulach liathruadh   toirt
fa-near na h-èilde
                  "ag iarraidh a h-annsachd"
tha grian gun chùram
san iarmailt cheana agus spealtag
na seann ghealaich
                      dol 'na sìneadh air chùl
an dà sgurr san fhireach thall a tha
smèideadh ri chèile mar a bha iad riamh

's e dh'iarrainn an àite bhith siubhal
bhith dlùthchòmhla riutsa
                      m'eilid bhàn
's mi gun dùsgadh fhathast

chan eil sin ri bhith san tràth seo
agus reul dheireannach na h-oidhche dol bàs
tha thu fada bhuam a-nise 's mi siubhal rathad na beinne
gun chinnt a bheil thu 'nad dhùisg
no a bheil àit' agam 'nad bhruadar

"b'eòlach do sheanair," ars na feallsamhna
mur gun cuireadh am briathran stad air an t-sealgair
's mi falbh a shuidh' air chùl deasc
far an tig thu eadar mo pheann is am pàipear
falach-fead am measg cholbhan craobhach mo leabhair-cunntais
cuiridh do mheall-thighinn buaireachail maill' air a' ghleoc agus
mo mheasrachadh buileach air seachran
bidh mo dhiathad gun tuar no seagh
agus nuair a tha mi ag òl tha fios a'm
nach fhaic mi an cupa
bidh thu 'nad reul air chùl m'aigne
cho deàrrsach 's gun cuir thu a' ghrian air ais

ach 's ann air an t-sealg eile bhios m'inntinn
far am bi na buill-airm choma gan giùlain
air guailnean luchd-faghaid a tha
gun aithne air d'àilleachd
chan e do chniadachd a tha dhìth orra
ach an t-sealg
    an t-sealg is
    a' bhuille sgoilteach
                o m'eilid bhàn
                o m'eilid bhàn

Ultrasound

The waves of sound sweep over the white mound*
and as a rocket sparkles into light on Halloween night,
the pulsation of the foetal heart without audible murmur
is projected into the black pool of the monitor's screen.

Curled up in your spawning bed waiting for your passage,
the sun's finger will single you out and seal your fate;
and the valve continues pumping as if already in service,
an ear of the propagated seed discharging blood into the vein.

I greet your life, little one, from out here in the world;
floating in your human form, may the Great Daghda come to your aid
to guide your journey on the River Boyne safe from danger
over weirs through eddying pools as far as the deep ocean's currents.

I greet your life, little one who have not yet reached your time,
as we spawned in the smooth bed we spent our vagrant nature;
from the paternal bank I can now only give you my whole heart
and the pain through my body when the monitor is switched off.

*One of the major prehistoric monuments in Ireland is Newgrange, near the
River Boyne. It is a chambered mound with a covering of gleaming white
quartz pebbles. A 62 foot passage leads from the entrance of the tomb to
the burial chamber in the bowels of the mound. A kerbstone marks the
entrance to the passage and during the morning of the winter Solstice the
sun – at dawn – shines through a gap in the kerbstone and gradually lights
up the passage itself as far as the chamber. The Boyne is the source of
much Irish mythology, especially about the Fianna.

A Well

As if a keen-edged knife
had sliced clean through one of life's
rich arteries, the water pulses forth
from the quartz-stone's crystal wound.

Ultrasound
Do Chaoilfhionn

Scuabann na tonnta sondála thar an mullán bán
agus faid spréachadh roicéid Oíche Shamhna,
teilgeann sa linn dubh ar an scáileán
gan monabhar frithbhualadh chroí an damhna.

Cuachta id chlais ag feitheamh led phasáiste,
díreoidh méar na gréine ort a dhearbhóidh do ré;
is leanann an chomhla ag pumpáil mar phúnáiste,
dias den síolchur ag scéitheadh fola sa bhféith.

Sé do bheatha, a leanbháin, uaim fhéin amuigh sa tsaol;
id chrotaon ar snámh go dtaga an Daghda Mór féd dhéin,
ag stiúradh do chúrsa ar Abhainn na Bóinne slán ó bhaol
thar choranna trí ghuairneáin go dtí cuilithe an aigéin.

Sé do bheatha, a leanbháin nár shroich fós do thráth,
ag clasú sa leaba mhín dúinn spíonamar ár nádúir fáin;
níl agam anois ón mbruach athardha dhuit ach grá
is pian i lár mo chléibhe nuair a múchtar an scáileán.

Tobar

Fé mar a ghearrfaí glan le lann líofa
ceann d'fhéitheacha reatha na beatha,
scéitheann as an éasc sa chloch gréine
cuisle uisce trí na criostail gan staonadh.

176 It winds its muddy way to fill the turbid well
and spills over into the river through the hidden drain.
I plunge to my knee in muck at the well's edge
and try again to dredge its clotted bowl by hand.

My hands are suddenly a surgeon's hands
awash in crimson depths, fingering for a source.
I must maintain this steady transfusion, let it run its course.
Life must be preserved despite the lime's demands.

I carefully replace the round stones chosen long since
by another and fall into the rhythm of his mind.
Entranced, I cut a green ash wand
and recite the charm for bleeding as if at his insistence.

In Rephidim, in the Sinai Desert, Moses humbly named
the rocks from which the precious water was released
Massah and Meribah. I rename my well in Aughaveel, by the Shangaun's ban
Tobar an Mhonabhair*. It has given me a new heart
and a cooling draught of peace.

*The Well of Murmuring

Translated by Caoimhín Mac Giolla Léith

The Jazz Musician

Tonight the moon becomes
Just another spotlight
Igniting the magic spark
Within his jazz flute:
Flames spurt out
From the bewitched dart
With the force of a tempest.
Listen: he can't be caught.
Music surges
Not only from his heart
But through his whole body.
Look: a swirling spring tide
Floods between his hips,
And when it recedes
I see a swamped fish
Nestling on the ocean bed
With the glint of music
In its eye.

Translated by Dermot Bolger

Líonann de réir a chúrsa lodartha an tobar modartha
is sníonn thar maoil go habhainn trí'n draein fholaithe.
Téim go hioscaid na nglún sa phluda ar an imeall
is taoscaim lem láimh athuair an draoib ón ngrinneall.

Braithim go hobann mo mhéireanta ar maos i gcorp duine
i mbun máinliacht chun foinse sruth fola a thaighde.
Coimeádfad leis ag fuilaistriú go nglanfaidh sé uaidh féin,
ní foláir an beo a thabhairt slán gan géilleadh don aol.

Daingním na clocha rabhanálta a roghnaigh an té a bhí romham
is á dhíonadh le leacacha dom is ea 'tharlaím ar a mheon.
Táim fé dhraíocht aige, bainim slat ghlas den bhfuinseoig
is deirim ortha na fola os a chionn im chaomhnóir.

I Reifidím i bhFásach Shíonái a thug Maois le hómós
Masá agus Miríbeá ar an áit gur steall an charraig le n-ól.
Athbhaistimse mo pholl in Achadh 'Mhíl le hais Abhainn na Seangán
Tobar an Mhonabhair a thug croí nua dhom agus taoscán den síocháin.

An Ceoltóir Jazz

Níl sa ghealach amuigh anocht
Ach spotsholas eile
A aimsíonn tine dhraícchta
Ina fheadóg mhór;
Scinneann lasracha
Óna gha airgid
Anois le fuadar stoirme,
Éist! ní féidir breith air.
Ní lena chroí amháin
A sheinneann sé
Ach lena chorp iomlán,
Féach! tá taoide rabharta
Ag líonadh a chrománIn,
Is nuair a thránn sé
Chím iasc ciúin
In íochtar an aigéin
Agus loinnir an cheoil
Ina shúil.

Aodh Ó Murchú

A Dream

I saw Eternity last night
turning on a wheel,
I at its top
and death beside me
regulating the speed.
I travelled beyond it to the door of God
I looked in
but I was not recognised
no more than the man
who was never born.
I called to the Devil
in his lower kingdom,
no answer did I get
apart from a call
weakly
far off.
Could it be that I
am a nonentity
like everyone else,
neither existent nor non-existent,
but standing on a wheel
that is stopped?

Step-Culture

Yeats went fluttering
in the Celtic Twilight
spinning shadows obscure
      mystical
      fairy-like
into a cultural clew
and found fame
in his newness.

Taibhreamh

Chonaic mé an tSíoraíocht aréir
ag tiontú ar roth,
mé ar a bharr
agus an bás i m'fhogas
ag rialú an luais.
Thriall mé thairis go doras Dé
d'amharcas isteach
ach níor aithníodh mé
ach oiread leis an duine
nár rugadh riamh.
Scairt mé ar an Diabhal
ina íochtar-ríocht,
freagra ní bhfuaireas
amach ó ghlao
go lagspridiúil
i bhfad i gcéin.
An amhlaidh nach bhfuil ionam
ach neamhní
dála cáich,
ní ann nó as,
ach im' sheasamh ar roth
atá ina stad?

Leaschultúr

Chuaigh Yeats ar foluain
sa Chlapsholas Cheilteach
ag sníomh scáileanna doiléire
    mistiúla
     sí
ina gceirtlín cultúrtha
go bhfuair clú
as a nuaíocht.

We who turn the wheel
are choked
in the entanglement of thread,
the Gaelic Twilight
a bright sun
highlighting our weakness.

Our newness antiquated
in a step-liss of culture,
for us no fairy-host sings.

The Rock

There is a rock up in a compound
on the navel of the mountain
like an old man on one side
listening.
On it I sat one evening,
the sound of the cows chewing
playing in my ears,
the choir of the birds
keeping harmony with their munching
as they exchanged
their stories
along the wires of the trees.
I drank down into my mind
the cool potion of their knowledge
and I thirstily quaffed wisdom
stone-hewn on the parchment of ages.
In that university of the mountains
by the eternal fountain of knowledge
I am destined to remain in future,
sculpturing my thoughts.

Muidne a chasann an túirne
tachtar sinn
in aimhréidhe an tsnátha,
an Clapsholas Gaelach
ina ghrian ghlégheal
ag fógairt ár laige.

Ár nuaíocht seirgthe
i leaslios cultúrtha,
dúinne ní chanann slua sí.

An Charraig

Tá carraig thuas i mbuaile
ar imleacán an tsléibhe
mar sheanfhear ar a shleasluí
ag éisteacht.
Uirthi siúd a shuigh mé tráthnóna,
fuaim na mbó ag cogaint
ag seinm i mo chluasa,
siansa na n-éan
mar chomhcheol lena mungailt
ag aithris dóibh a scéalta
siar sreangacha na gcraobh.
D'ól mé siar i m'intinn
deoch fhionnuar a gaoise
is bhlais mé go cíocrach críonnacht
chlochghreannta ar phár na n-aoiseanna.
In ollscoil sin an tsléibhe
ag foinse bhuan an eolais
is dual dom fanacht feasta,
ag carraigiú mo smaointe.

Murdo MacFarlane

The Khaki Suit

Hitler's promised *Lebensraum*
To his people if he wins;
But not like him the Hitlers
Who broke my race's spirit,
The brutal British Hitlers
Who murdered my north land,
Gave *Lebensraum* to sheep,
Across sea my people drove.

The khaki suit a jail is
To me since it I wore,
I'm lower than a shepherd's dog
Since a soldier I've become;
The tweed I would prefer to it –
Give me my overalls
And I'll give you the King's suit,
Pay you to take it away.

They gave me a gun and bayonet –
For them I did not ask;
A crooked stick for shepherding
On the mountains of the west
I'd rather, and a fleet-foot dog,
A sheep-dog to my wish,
And not the sergeant-major
Cursing with foul mouth.

With kitbags they supplied me,
And since one was not enough,
The small one on my hip went
And a big one on my back;
A belt across my shoulders went
With bullets fleet to wound,
To break a mother's heart
Somewhere with dire sorrow.

An Deis' Odhar

Hitler, gheall e *Lebensraum*
Da shluagh ma gheibh e bhuaidh;
Cha b'ionnan sin 's na Hitlearan
A bhris spiorad mo shluaigh –
Na Hitlearan breun Breatannach
A mhurt mo thìr mu thuath
Gu *Lebensraum* dan caoraich,
'S na daoine sgiùrs thar chuain.

'N deis' odhar gur e prìosan i
Dhomh fhìn on chaidh i orm,
Oir 's dìblidh' na cù cìobair mi
On thug iad mi don Arm.
'S e 'n clò a b'àill leam fhìn na i –
Dhomh sìn mo dhrògaid ghorm,
'S bheir mise deis' an Rìgh dhut oirr',
'S prìs ga toirt air falbh.

Dhomh thug iad gunna 's bèigeileid;
Cha b' e mis' orr' a dh'iarr –
'S e bata crom gu sprèidh shireadh
Air slèibhtean an taoibh siar
A b'àill leam, is cù rèidh shiubhladh,
Cù sprèidhe gu mo mhiann;
'S cha bhiodh an sàirdseant-mèidsear
Gam cheusadh le dhroch bheul.

Abharsagan fhuair mi uap',
'S o nach robh aon gu leòr,
Tè bheag chaidh air mo chruachainn i
'S air mo dhruim tè mhòr;
Crios chuir iad thar mo ghuailnean dhomh
Làn pheilear caol gu leòn,
'S a bhriseadh cridhe màthar
Ann an àiteigin le bròn.

Why ever did my mother
Me the Commandments teach,
Saying, "Their sum and substance, dear,
Is to love each other."
But what the sergeant said was,
"MacFarlane, what's the use
Of love when in the charge
Against the foe's sharp bayonet?"

If only my back they wearied,
I would not complain of pain,
But they also said, "We'll empty out
Each drop of love from your heart
And with hot hate replace it,
And you'll make a soldier brave,
And then you won't be squeamish
When you spill your brother's blood."

"A number, not a man, you are –
MacFarlane is no more.
You're ours," said the State to me,
Gave me the khaki suit.
O freedom, now farewell to you,
And if I escape alive
In the Royal *slàinte* I'll drink on you
When we meet, with me in tweed.

The late poet's own translation has been lightly revised by I. MacD.

O, cuig a rinn mo mhàthair dhomh
Na h-Aithntean chur an cèill,
'G ràdh, "'M brìgh, a ghràidh, is e
Bhith gràdhachadh a chèil'"?
Ach 's e a thuirt an sàirdseant,
"A MhicPhàrlain, ciod am feum
A nì dhut gràdh san *charge*
'N aghaidh nàimh le bhiodaig ghèir?"

'N druim nam b'e mhàin a shàraich iad,
Cha ghearaininn bhith sgìth,
Ach 's e thuirt iad, "Tràighidh sinn
Gach boinne graidh o d'chrìdh',
Is lìonadh sinn le nàimhdeas e
'S nì saighdear dhiot nach clì –
'S an uair ud cha bhi sgàig ort
Ro fhuil bràthar anns an t-strì."

"Cha duine nis ach àireamh thu,
MhicPhàrlain, seadh, nas mò;
Is leinn' thu," thuirt an Stàit, 's thug
Deis' odhar dhomh is còt'.
O shaorsa, slàn an dràsda leat,
'S ma thàras mis' às beò,
San *Royal* òlaidh slàint' ort mi
Nuair choinnicheas, 's mi sa chlò.

 Mícheál Ó Murchú (An Gabha Gaelach)

Welcome You, Brethren
When visited in Cúil Aodha by our friends from Scotland

I was in Scotland, kinsmen,
Thinking of your coming visit,
As I lay in my bed in Edinburgh
Composing lines for the occasion
On which you would come to us in Coolea
Over Moyle's Great Stream from the north.

People descended from the Dál Riada
Who once reigned with power,
You have overcome miles and ages
From a country and an era long past.
We welcome, truly and generously,
The joy of this race reunion.

On the wise advice of a saint at Dromchet,
Our ancestors revoked imperialism;
Over clan and country they released sway
For Freedom's sake – this was their ideal.
Consequently, over ages survives
The loyalty that keeps us, Clanna Gael, close together.

Colm Cille resolved the great problem
Of the destiny of the too numerous bards;
He showed clearly, revealingly,
How it would be our fate to be the poorer for their absence.
As a result of this,
We are happily, safely together in merriment.

Farewell to my Forge, 1946
*Composed on my deciding to change from being a
blacksmith to become a teacher*

Alas, it is my sorrow, my forge:
My heart is troubled and sad;
Since separation I see as our fate,
I bid you a true farewell.

Fáilte Romhaibh, a Bhráithre
Ar chuairt ár gcáirde ó Albain go Cúil Aodha

In Albain a bhí mé, a ghaolta,
  Is mé ag cuimhneamh ar bhur gcuairt,
Im' leaba i mo luí i nDún Éadain,
  Ag cumadh na línte don uain
Bheadh sibh tagtha faoi ghnaoi go Cúil Aodha chugainn
  Thar Sruth Mór na Maoile aduaidh.

A mhuintir de shíolra Dál Riada
  A bhí tráth i réim is i gcumhacht,
Tá curtha díbh mílte is cianta
  Ó chríoch is ó ré anallód.
Fáiltímid go fíor is go fialmhar
  Roimh aoibhneas athaontú an phóir.

Ar chríonchomhairle naoimh i nDrom Ceata
  Ár sinsir impireachas shéan;
Den chlainn is den chríoch do scaoil ceannas
  Ar son saoirse – dob' í a n-idéal.
Is dá bhrí sin thar aoiseanna maireann
  An dílseacht a dhlúthaíonn Clanna Gael.

Do réidhigh Colm Cille an diancheist
  Faoi iomad is cinniúint na mbard;
Do léirigh go follasach siansach
  An bhoichte gan iad bheadh i ndán.
Is le chéile go soilbhir siamsach
  Táimidne dá thoradh sin slán.

Slán leis an gCeartain, 1946

Mo chreach is mo chaoi, a cheárta,
  Tá mo chroí go buartha brónach,
Ó's scaradh a chím i ndán dúinn,
  Seo fíor-cheiliúradh cóir duit.

Friend who was gentle and kind,
Loyal, obedient and reverent,
You so understood your master,
Who felt sympathy in your quietude.

The hammer of which I was proud
Was melodious when striking the anvil
When I swung it with true strength of hand –
How well made and symmetrical was each shoe.

My dear ones lived beside me,
Though long laid under the sod;
In my mind you always kept
Their treasured memory alive.

There was happiness in your floor for me,
There was even softness there in sorrow;
Dear friend of my heart, my forge,
You deserve my tears.

To the Creator

Great gratitude to the Architect
Who designed for us the dwelling
And who blessed it with soft rain
From the skies above.

Great praise to the Artist
Who placed a green mantle beneath our feet;
Who put flowers upon the fences
And leaves upon the trees.

Great glory to the Minstrel,
Playing music all around;
His fingers on the live chords
In the voice of the happy bird.

A chara ba chaoin, ba mhánla,
  Bhí dílis, umhal, ómósach,
Thuig tú go cruinn do mháistir,
  A shíl id' chiúnas cómá.

An casúr as a mbínn mórálach,
  A ba bhinn ag bualadh inneona
Nuair a chasainn le fíor-neart láimhe –
  Ba chruinn an crú is ba chórach.

Mhaireadh mo mhuintir láimh liom
  Gidh sínte fuar faoin bhfód iad;
Im' aigne de shíor choimeádais
  A gcuimhne luachmhar beo dhom.

Sonas a bhí ar do lár dom,
  Bhí boige fiú sa bhrón ann;
A chara mo chroí, a cheárta,
  Thuillis uaim mo dheora.

Don Chruthaitheoir

Céad buíochas leis an Ailtire
  A cheap an t-áras dúinn;
Is a bheannaigh é le fearthainn bhog
  Ó spéartha ós ár gcionn.

Céad moladh leis an Ealaíontóir
  'Chuir brat glas faoinár mboinn;
'Chuir blátha ar na clathacha
  Is duilleoga ar na crainn.

Céad glóire leis an gCeoltóir,
  Ag seinm cheoil máguaird;
A mhéara ar na téada beo
  Ar ghlór an éinín tsuairc.

Seosamh Ó Neachtain

Hypochristian

You shook the nation's conscience
That morning,
Little girl.
Ink went sour on paper
As the trauma of your sacrifice bit marrow-deep.
Petrified, in an open field
You gave birth.
The price of shame was awesome,
Ye were swallowed up by death.

Like wormhunting grey crows
Clawing through dung,
News-vultures hovered around your body.
The sorrowful secret
Of teenage innocence
You tried to protect
Was now being tongue-tossed
By gossip-mongers
As cud to chew.

You did not share your plight in time.
The wall was now too high.
Of course, we would share and love and help,
As all good Christians might.
The lips that sentenced you to death
Were full of love and grace,
But you would be called a whore
Forever more, had you lived, little girl.

Bréagchráifeacht

Chreathnaís coinsias náisiúin
An lá sin,
A chailín bhig.
Théacht an dúch ar pháipéar,
Chuaigh scéal do pháis go smior.
Faoi sceon
I gcoirnéal páirce
Shaolaís gin.
D'íocais luach na náire,
Shloig an bás sibh beirt.

Mar charóg
I mbualtrach stálaithe
Ag tóraíocht cruimh,
Bhí smúrach na meán cumarsáide
Os cionn do choirp.
Do rún dóláis,
Aineolas an déagóra
A shíl tú 'cheilt
Ina abhlann, sioscadh ag báirseacha
Mar chír le meilt.

Níor roinn tú an chreach in am linn.
Tá an fál ró-mhall anois.
Bhí ár ngrá is ár gcúnamh
Ar fáil dhuit.
Is Críostaithe sinn.
Tá na beola a dhaor chun báis thú
Lán de ghrásta inniu.
Ach ba striapach aríst go brách thú
Dá mairfeá, a chailín bhig.

Human Waste

A flicker of a smile
Fills the old age wrinkles,
As a drowsy dream
Relieves the ageless pains.
Slowly, eyelids parting
For eyesight to capture the dream.
An agonising groan,
As the wrinkles change
To sorrowful etching
On the facial headstone.

An institute full of old ladies,
Each feeble plea so varied,
An old lady calls her children,
No caring ears to listen,
They wait from day to day
To be released from
A lifetime sentence,
As overwhelming loneliness
Drains the mind of reason.

Yesterday one passed away,
Today one more stopped breathing,
Tomorrow both shall be replaced
In the institute of human waste.

Brúscar Daonna

Aoibh an gháire ag líonadh roic na mblianta,
Idir codladh is dúiseacht,
Brionglóid,
Ré an achair, seal ó phianta.
Go mall, na fabhraí ag scaradh,
Amharc ag tóraíocht brionglóide,
Osna chaointeach, is éagcaoin,
Na roic mar scríbhinn dóláis
Greannta ar leac an éadain.

Áras le sean-mhná lán,
Gach achainní is éagcaoin éagsúil,
Sean-bhean ag glaoch ar chlann,
Gan cluais ar fáil a d'éisteodh,
Ag fanacht ó lá go lá
Le saoirse as cuibhriú ag géibhinn,
Croí faoi chnoc le huaigneas
Ag cur meath
Ar mheabhair is ar réasún.

Inné fuair sean-bhean bás,
Inniu tá bean eile ag éagcaoin,
Amárach, beidh beirt eile ina n-áit
In áras an bhrúscair dhaonna.

Derick Thomson

Coffins

A tall thin man
with a short beard,
and a plane in his hand:
whenever I pass
a joiner's shop in the city,
and the scent of sawdust comes to my nostrils,
memories return of that place,
with the coffins,
the hammers and nails,
saws and chisels,
and my grandfather, bent,
planing shavings
from a thin, bare plank.

Before I knew what death was;
or had any notion, a glimmering
of the darkness, a whisper of the stillness.
And when I stood at his grave,
on a cold Spring day, not a thought
came to me of the coffins
he made for others:
I merely wanted home
where there would be talk, and tea, and warmth.

And in the other school also,
where the joiners of the mind were planing,
I never noticed the coffins,
though they were sitting all round me;
I did not recognise the English braid,
the Lowland varnish being applied to the wood,
I did not read the words on the brass,
I did not understand that my race was dying.
Until the cold wind of this Spring came
to plane the heart;
until I felt the nails piercing me,
and neither tea nor talk will heal the pain.

Cisteachan-Laighe

Duin' àrd, tana
's fiasag bheag air,
's locair 'na làimh:
gach uair theid mi seachad
air bùth-shaoirsneachd sa' bhaile,
's a thig gu mo chuinnlean fàileadh na min-sàibh,
thig gu mo chuimhne cuimhne an àit ud,
le na cisteachan-laighe,
na h-ùird 's na tairgean,
na sàibh 's na sgeilbean,
is mo sheanair crom,
is sliseag bho shliseag ga locradh
bhon bhòrd thana lom.

Mus robh fhios agam dè bh' ann bàs;
beachd, bloigh fios, boillsgeadh
den dorchadas, fathann den t-sàmhchair.
'S nuair a sheas mi aig uaigh,
là fuar Earraich, cha dainig smuain
thugam air na cisteachan-laighe
a rinn esan do chàch:
's ann a bha mi 'g iarradh dhachaigh,
far am biodh còmhradh, is tea, is blàths.

Is anns an sgoil eile cuideachd,
san robh saoir na h-inntinn a' locradh,
cha tug mi 'n aire do na cisteachan-laighe,
ged a bha iad 'nan suidhe mun cuairt orm;
cha do dh'aithnich mi 'm brèid Beurla,
an lìomh Gallda bha dol air an fhiodh,
cha do leugh mi na facail air a' phràis,
cha do thuig mi gu robh mo chinneadh a' dol bàs.
Gus an dainig gaoth fhuar an Earraich-sa
a locradh a' chridhe;
gus na dh'fhairich mi na tairgean a' dol tromham,
's cha shlànaich tea no còmhradh an cràdh.

Let No One Say

Let no one say I turned my back on you
although I turned away,
although I let the cord go;
that bond was deep
in my flesh. Let them not say,
although my prayer was dumb,
that I did not desire atonement.
Locked in the earth of my life,
that duct of sustenance comes to me,
the cord that preserves accord.

Harvest Field

One deceptive evening, among the sheaves,
with some of the corn uncut, you came by,
and I put my scythe then in hiding,
for fear that the edge of the blade would cut you.

Our world was rounded like the harvest field,
though a part was ripe and a part green,
the day to work and the night to dream,
and the moon rose in the midst of content.

I left a little to cut on the morrow,
and we walked together between the swathes:
you fell on a scythe that another had left,
and your skin was cut, and refused healing.

Na canadh duine gun do chuir mi cùl riut
ged a thionndaidh mi air falbh,
ged a leig mi às an còrd;
bha am bann sin domhainn
'nam fheòil. Na canadh iad,
ged a bha m'ùrnaigh balbh,
nach robh mi ag iarraidh rèite.
Glaiste ann an ùir mo bheatha
tha slighe a' bheathachaidh sin gam ionnsaigh,
an còrd a tha a' gleidheil a' chòrdaidh.

Achadh-Bhuana

Air feasgar meallta am measg nan adag,
is pàirt gun a bhuain, thàinig tu 'n rathad,
is chuir mi mo speal an sin am falach
air eagal gun dèanadh am faobhar do ghearradh.

Bha ar saoghal cho cruinn ris an achadh-bhuana
ged bha cuid dheth abaich is cuid dheth uaine,
an là ri obair 's an oidhch' ri bruadar,
is dh'èirich a' ghealach a meadhan suaimhneis.

Dh'fhàg mi beagan ri bhuain a-màireach
is choisich sinn còmhla eadar na ràthan,
thuit thu air speal bha fear eile air fhàgail,
is ghearradh do chneas, is dhiùlt e slànadh.

Leaves on the Liffey

Leaves on the water,
Red, yellow and brown,
Leaves in the Liffey,
Floating down.

A long time ago,
So it seems,
They draped the woodlands
With mantle of green.

Leaves on the water,
Red, yellow and brown,
Carrying beauty
Through the drab town.

The Pride of the O'Donnells

Lowly now are the O'Donnells,
It is long since Hugh went over the sea,
I hear his name is unknown,
Even in Valladolid.
Nuala shed many a tear,
But what use was her sorrowing?
She too is in the clay,
And Big Hugh, and Godfrey the Warrior,
And the Dark Lady of her day.
The castle of Lifford is empty,
No prince, no servant under its roof,
But until the world divides in two
Men will praise your pen,
Manus, son of Hugh, son of Red Hugh,
Son of Turlough of the Wine O'Donnell.

Duilleoga ar an Life

Duilleoga ar an tsnámh,
Donn, geal is rua,
Ar abhainn an Life
Ag seoladh le sruth.

Spréigh siad brat glas
Ar bharraibh na gcrann,
Ar fud cuibhreann is coillte,
I bhfad, i bhfad ó shin ann.

Duilleoga ar an tsnámh,
Lá ceoch Fómhair,
Ag iompar na háilleachta
Tríd sráideanna dóghair.

Mórtas Dálach

Fann anois clann Dálaigh,
Fada ó sheol Aodh thar toinn,
Níl fios ar a ainm féin,
De réir mar a chluinim,
Amuigh i Valladolid.
Chaoin Nuala go fras
Ach d'fhéad sí ligean den chaoi;
Tá sise fosta faoin chré,
Agus Aodh Mór agus Gorthaidh Laoch
Agus an Iníon Dubh lena spré.
Folamh caisleán Leithbhearr,
Gan flaith, gan giolla faoina dhíon,
Ach go ndéantar dhá leith den domhan
Molfar fónamh do phinn,
A Mhághnuis, mhic Aodha, mhic Aodha Ruaidh,
Mhic Thoirdealbhaigh an Fhíona Uí Dhomhnaill.

The Robin's Nest

There's a robin's nest in the bush,
Soon the young birds will be out;
Five speckled eggs under her breast
The robin has in her nest.

And when Eithne and Eoin took a peep
At the robin in her keep,
The robin uttered no protest
But valiantly remained at rest,
And stared with a beady eye, long and still,
At four eyes wonder-filled.

And now when they pass the bush,
Eithne and Eoin whisper, "Hush!
Tread softly, softly, all about –
The little birds will soon be out."

Manannán's Song

There is an island in the distance
Where the sea-horses glisten,
Tall cliffs that rise up from the deep,
Four great pillars underneath.

There is a tree there in flower
Where the birds call to the hour;
They make melody everlasting,
Human minstrels far surpassing.

Rays of light of every colour
Shine across the fragrant meadow;
There dwells pleasure, happiness,
There in truth is paradise.

Come, Colum, come, my brother,
Walk with me across the water,
There to find life eternal,
No death, no pain, no more yearning.

Tá nead spideoige ins an sceach,
Is gearr go dtara na scolamáin amach,
Cúig uibheacha breaca atá faoi chlúimh
Ag an éan ins an nid.

Agus nuair a dhearc Eithne agus Eoin isteach,
Níor chorraigh an t-éan ach stán i bhfad,
Go sollúnta tréan as súil amháin,
Ar cheithre súile a bhí loma-lán.

Agus anois nuair a théann siad thar an sceach,
Deir Eithne agus Eoin fá seach,
"Bí ciúin, bí ciúin, siúil go sámh,
Is gearr go dtara na scolamáin amach."

Amhrán Mhanannáin Mhic Lir

Tá oileán in imigéin
Fána dtaitníonn gabhra réin,
Taobh gheal ghreanta leis an toinn,
Ceithre ghallán fána bhroinn.

Tá bile ann fá bhlátha,
Mar a gcanann éin na trátha;
Deinid ceol fíor-bhinn de shíor
Chuiream draíocht ar an chliar.

Soilsíonn solais gacha datha
Trasna maighe méithe rátha;
'S buan aoibhneas ann 's áthas,
Ann atá go fíor an flaitheas.

Tar, a Chuilm, tar, a bhráthair,
Siúil liom siar go dtí an chathair,
Mar a mairfidh tú fá shéan,
Go deo deo, gan bás, gan léan.

Any Season of the Year

In our bed-sitting room
the house-plants wither
even in early summer.

Leaves shrivel and fall
amid the dampness,
the dust and the burnt meals.

No sun visits us here
nor calls through the skylight
any season of the year.

And here in the withered world
of this foul light, it is November
for plants and lovers.

Sea-Woman

Where was she from if not the sea? What
else explains
that seaweed-auburn hair, those grey-green eyes,
the ceaseless agitation
of her breast, the foaming spume
of her breath.

And as the tide turns in Machaire Rabhartaigh
she turned from me suddenly,
leaving only the wrack of memories
on the shore of my mind;
the abraded rock of the heart, and O,
the salt tears.

Snow

I used slip out at daybreak
those bright winter mornings,
snow falling like goose-down.

Aon Séasúr den Bhliain

Inár seomra suí leapa
seargann na plandaí tí
fiú i dtús an tSamhraidh.

Titeann duilleoga feoite
i measc deora taisligh,
dusta agus proinn dhóite.

Ní ghlaonn an ghrian
isteach trí fhuinneog an dín
aon séasúr den bhliain.

Is anseo i saol seargtha
an bhrocsholais, tá sé ina Shamhain
ag plandaí is ag leannáin.

Muirbhé

Cérbh as í murab é ón tsáile? Caidé
eile a réiteodh
le feamainn rua na ndual, le glas na súl,
le suathadh síoraí
an bhrollaigh, le cáitheadh cúrach
na hanála adaí.

Is mar thiontódh trá i Machaire Rabhartaigh
chas sí uaim i dtobainne
is ina diaidh níl fágtha ach raic na gcuimhní
ar chladaí m'intinne;
carraig chreimthe an chroí agus och,
na deora goirte.

Sneachta

D'éalaínn amach le teacht an lae
ar na maidneacha geala geimhridh adaí
is an sneachta ag titim mar chlúmh gé.

The land strange as a desert;
the hills all sand-dunes, and the byres
humped, huddled, sleepy camels.

Those early mornings filled me with exhilaration –
dumb whiteness all around
and the world imagined anew.

This white page, like the snow-land,
tempts the child within
to put his own stamp on blank creation.

2 Haiku

My grandfather's scythe
rusting in the barn –
harvest twilight

Her eyelashes –
wires on which sit the swallows of glimpses

Beyond

In your sleep you raise
neither fort nor sanctuary.

All night I walk
that other world behind your eyes

sky-blue, more infinite
than the sash of the Virgin Mary.

On the other side of words
lies a world of that same clarity.

Bhíodh ar tír chomh coimhthíoch le fásach;
na harda uilig ina ndumhcha is na bóithigh
cuachta go cruiteach, camaill chodlatacha.

Ba mhór an tógáil croí ar maidin go luath
an bhalbh-bháine adaí a bheith i mo thimpeall
is an saol á shamhlú agam ansiúd as an nua.

Tá an leathanach bán seo dálta thír an tsneachta
ag mealladh an pháiste atá istigh amach
lena chuma féin a chur ar lom na cruthaitheacha.

2 Haiku

Speal mo sheanathar
ag meirgiú sa scioból –
clapsholas fómhair

A
cuid fabhraí –
sreanga ar a suíonn fáinleoga sracfhéachaintí

Laistiar

Ní ardaíonn tú i do shuan
aon tearmann ná daingean.

Le linn na hoíche bím ag siúl
i do shaol laistiar de mheall na súl

atá níos dúchasaí ina ghoirme
ná sais na Maighdine Muire.

Ar an taobh cúil d'fhocail
tá a mhacasamhail de shaol.

John Murray

Late Autumn

Perfect and low the moon
danced on the moorland
last night
but hung pallid
over Croic Bay
in the morning.

I also wane
in the blood's neap-tide
in my sight the grey geese
that arose from my mind
five lances of them
slanting and turning
drawing their history
rounding out their fate-poem
on the calm slopes of the sky.

Barvas Machair

the wind
sweeping sand
flays the machair
reduces the hills
of our history
winnowing to desert

eager rabbits
cultivate and breed
where our ancestors were reared
and where they were interred

today their heads
crack the surface
of my vision
miserable resurrection
unforeseen

Deireadh Foghair

Bha a' ghealach ìosal trom
a' danns air a' mhonadh
a-raoir
ach crochait liath-bhàn
os cionn Bàgh Chròic
sa mhadainn.

Agus mise ri crìonadh
ann an conntraigh na fala
nam fhradharc na geòidh ghlasa
a dh'èirich às m'inntinn . . .
còig sleaghan dhiubh
a' fiaradh is a' casadh
a' tarraing an eachdraidh
is a' coileanadh an dàn
air leacann chiùin an adhair.

Air Machair Bharabhais

a' ghaoth
a' siabadh na gainmhich
a' feannadh na machrach
ag ìsleachadh cnuic
ar n-eachdraidh
gu rannsachail gu fàsach

rabaidean èasgaidh
ag àiteach agus ag àrach
far na thogadh ar sinnsir
is far an deach an càradh

an cinn-san an-diugh
a' sgàineadh uachdar
mo sheallaidh
aiseirigh na bochdainn
gun dùil rithe

Micheal O'Siadhail

Work

You insatiable bitch, you!
Even still I can't quit you,
never flit from your manger.

Again and again, you slut,
so cruelly you've looted
my meagre legacy of years.

You're the merciless whore,
a wantonness still scourging me,
agony of desire in the loin

I'll never want to do without.
Rather you than your counterpart:
a tediousness turning all to dust.

You're the ghost of an old lover,
you there at my bed's four corners;
even sweetness palls without you.

Compliment

Were those women meek and humble
Who once whispered in a man's ear
That a god was a dominant male?
Then tell me that we know better.

Among the bright women of the world
There have always been those goddesses,
As we crossed our makeshift scaffold,
A universe built in time and space.

Did some of these women think it through,
That few who drifted through my youth;
The two or three, who somehow drew
My threads together, wove my cloth?

A wonderful cloth, my shirt of linen,
My chequered gift, a self they've woven,
This shirt that's closer than the bone,
The bright women of my world have given.

Obair

A bhitse nach féidir a shásamh –
Fós ní thig liom thú a fhágáil
Ná éalú choíchin as do mhainséar.

A bhean choitianta is rialta,
Ar m'alúntas scólta blianta
A rinne slad rofhíochmhar.

Is thú an rálach gan bhogchúis,
Is thú an dúchas do mo sciúrseadh,
An crá i logán na fliúite

Nach bhfuil déanamh agam dá fhoireasa.
Ós gile thusa ná do leathcheannsa,
An leadrán lena dhúshlán dusta,

Taibhse de sheanleannán thú,
Ag cheithre phosta mo leapa thú;
Leamh an mhilseacht féin gan thú.

Comaoin

An raibh na mná ariamh uiríseal
A chuir an cogar úd i gcluais an fhir
Gur fireannach gaisciúil é Rí na nDúl?
Ach tá fhios againne níos fearr.

I measc mhná na cruinne gile
Casadh corrbhandia i mo bhealach
Aníos thríd an scafall sealadach
A tóigeadh idir an t-am is an spás.

Chuir na mná a gcomhairle in éindí,
Mná seo na cruinne gile,
Tharraing beirt nó thriúr an snáth le chéile
Is shníomh siad dhomsa léine.

Mo léine álainn, mo léine féin,
Mo phearsantacht phíosáilte, mo dhán breac,
An léine is goire ná an craiceann
A bhronn mná na cruinne orm.

Stony Patch

The crowds move on and leave
after them the rest as history's blunder
to mimic them in mind and manner;
their welfare, they'll say, to be like them.
A philosopher in exile is a peculiar fish,
an orphan of time in the balance;
his head neither bowed nor held high,
he scratches his story in the wax of his soul.

But maybe many's the time before
a thin beam of insight flashed from the blue
on some odd posse of monks in Egypt long ago,
on a laymonk gathering dungcakes in the west
on a cold stony patch in Aran or on Skellig Rock.
How do we know a fine needle of light didn't catch
in their soul's wax that music playing?
Sheet to shroud, the crowds sailed on.

Gluaiseann na sluaite leo is fágann
Ina ndiaidh an fuíoll mar bhotún staire
Le aithrist ortha feasta i meon is i ngnás;
Clár a leasa, dar leo, a bheith dhá réir.
Breac áirithe é an fealsamh ar deoraíocht,
Díleachta aimsire idir dhá cheann an mheá,
Gan ceann faoi is fós gan tóigeáil a chinn,
Ag scríobadh a scéil go ciúin i gcéir a anama.

Ach b'fhéidir gur hiomaí sin babhta cheana
A scalladh gan choinne léas caol an léargais
Ar bhuilcín corr dítreabhach san Éigipt fadó,
Ar mhanach tuata thiar ag tóigeáil scrathógaí
Ar bhreaclach fhuar in Árainn nó Sceilig Mhíchíl.
Cá bhfios nár aimsigh snáthaid chaol an tsolais
An ceol úd ag seinnim i gcéir a n-anama?
Scód go scriúta, sheol na sluaite leo.

Pádraig Ó Snodaigh

Salut

La vie est un arbre peut-être
dont sans contact
une branche pousse
ou une cicatrice se forme
quand ce contact est plus qu'une ombre
comme un nuage devant la face du soleil.

Dans la forêt vibrante
les doigts s'entrelacent
s'étendant et oscillant jubilant ou couronnant
arrêtés ou avortés
cassés ou vigoureux
 – leur croissance dépend
   de leur étendue, de l'accueil:
   et du hazard, puisqu'un changement peut
   survenir s'il le veut tandis que
   le tronc vit, ne pourrit pas sous
   l'amertume des cicatrices.

D'un trou noir dans les profondeurs
du bois
ma main tentacule s'étend
devant moi:
un appel
en quête d'affection
cherchant une main
donnant une parenté
au-delà de l'enthousiasme vert du soleil
surtout si la vie est seulement
le court séjour dans nos vies réciproques.

Traduit par Mireille Harnet

Hello

Crann an bheatha b'fhéidir
gur as an teangmháil
a fhásann craobh,
nó fágtar colm
nuair is mó ná scáth,
ar nós an scamaill thar aghaidh na gréine,
an teangmháil.

I gcoill na mbeo
fíonn na méaracha ar a chéile
ag síneadh is ag luascadh
buachach nó barrach
stopaithe, cranda,
briste nó rábach
  – brathann a bhfás
    ar a spás, ar an bhfáilte:
    is nach cuma san, nó
    tig athrú má 's áil
    fad a mhaireann nach lobhann an chabhail
    faoi sheirfean na gcolm.

As pluais dhubh
in íochtar na coille sin
mo chraobhlámh
ag síneadh romham
achainí
ag cuartú cumainn
ag lorg láimhe
tá ag bronnadh dáimhe
thar díocas glas na gréine
go háirithe muna bhfuil san saol
ach ár ré i saolta a chéile.

     William Neill

Ulysses and Penelope

Sailing sailing o ho ro
o'er the wavetops o ho ro
thro by Scylla and Charybdis
dangerous indeed our journey
aye a-bending on the rowlocks
o'er the ocean o ho ro

Every time we came to harbour
many the place we left our mark in
yon great one-eyed Polyphemus
keeping sheep within a cavern
horrid till I put his eye out
with a stick hot from the ashes
aren't I the boy ho ro

When we came to Circe's island
she's a shameless cursed hussy
did the dirty on us proper
all the crew behaved like porkers
till I got them back to quarters
groaning moaning o ho ro

Once they got to swilling Lotos
every man as drunk 's a tinker
till I got them off the hard stuff
they'd no thought of sailing homewards
booting backsides o ho ro

How did you pass the time, my lovely,
all the time I spent a-sailing?
My own lad there, Telamachus,
says that many came a-courting
fancy men all come a-wooing
o ho ro and raised old harry
greatly they'd prefer my drowning
to my coming home ho ro

Passed the time, you say, a-weaving
every day since I set sail, dear
every day a-sewing, knitting
never listening to their coaxing
every day a-sewing, weaving
weaving, say you? o ho ro

Ulysses agus Penelope

Sinn a' seòladh o ho rò
àird a' chuain o ho rò
eadar Scylla is Charybdis
cunnartach ar triall gun teagamh
sinn a' sìor-lùb air a h-àlach
thall thar chuain o ho rò

Nuair a ràinig sinn gu cala
'n iomadh àit' bu mhòr an othail
Polyphemus mòr aon-shùileach
's a chuid chaorach anns an uaimh
oillteil gus na chuir mi 'n t-sùil às
leis a' bhiorag dhearg on teine
nach mi 'n gille o ho rò

Thàinig sinn gu eilean Circe
caileag mhallaichte gun nàire
rinn i mealladh oirnn gu tàireil
sgioba coltach ris na mucan
gus na chuir mi fhìn air bòrd iad
duarman 's talach o ho rò

Uair eile 's iad a' slugadh Lotos
h-uile fear dhiubh misgeach sunndach
's mura robh mi teagaisg stuama
cha bu mhiann leò tighinn dachaigh
's mi gam breabadh o ho rò

Dè a rinn thu fhèin, a ghalghad,
nuair a bha mi mach air sàile?
Thuirt mo mhac-sa, Telamachus,
gu robh daoin' a' tighinn air chèilidh
iomadh carabhaidh a' suirghe
o ho rò is hò ro gheallaidh
b'fheàrr leò sin gun deach mo bhàthadh
's mi gun tilleadh o ho rò

Thuirt thu rium gun d'rinn thu clò-dubh
h-uile bliadhna on a dh'fhàg mi
h-uile là a' fuaigheal 's fighe
gun bhith 'g èisdeachd ris a' mhiodal
h-uile là a' fuaigheal 's fighe
abair fighe o ho rò

Leaves

The smell of autumn in my nostrils,
a scent between life and death;
the torn garments of summer,
a fitting carpet for my state.

The leaves of youth have fallen,
my own time reaches autumn;
leaves of the years beneath me,
some coloured, some plain.

A Stone on the Cairn of George Campbell Hay

On the shore at Claonaig in Kintyre,
looking again on the comb of Arran,
there was no lifting in my heart
for the beauty of the land.

My foot went on the sand
in the country you knew so well,
where seldom one hears today
a word of Gaelic.

The voice of your poetry was there,
where your vision prospered
before exile to the city
and the empty days of your betrayal.

In the little narrow room
at the end of your distress,
though your back was to the wind,
the warmth of the sun left you.

Fàileadh foghair na mo chuinnean,
cùbhras eadar beatha 's bàs;
aodach sracte craobh an t-samhraidh,
làr-bhrat iomchaidh do mo chàs.

Duilleagan na h-òig' air tuiteam,
ràinig mo rèis fhèin gu foghar;
duilleagan nam bliadhna fodham,
feadhainn dathte, feadhainn odhar.

Clach air Càrn Dheòrsa Mhic Iain Deòrsa

Air tràigh Chlaonaig Chinn Tìre,
coimhead a-rithist air cìr Arainn,
cha robh togail 'nam chridhe
airson bòidhchead an fhearainn.

Chaidh mo chas air a' ghaineamh
san dùthaich bu ghnàth leat,
far an-diugh an glè ainneamh
a chluinnear sreath Gàidhlig.

Guth do bhàrdachd an làthair,
far an d'shoirbhich do lèirsinn
roimh eilthireachd sa chathair
is là falamh do thrèigsinn.

Anns an t-seòmar bheag chaol
aig ceann thall do theinne,
ged bu chùl leat ri gaoth,
dh'fhalbh ort teas na grèine.

   Eoghan Ó Tuarisc

To The Grave
At the Hyde Festival

*Dr. Douglas Hyde was the founder and first president of Conradh na
Gaeilge, the Irish equivalent of An Comunn Gaidhealach.*

Church ivy on an old wall
belonging to the introduced religion, a creed-in-law
that didn't believe much in blossoming, look
at the white weed
on the pier of the corpse-gate
where a group of men under country caps
in cut-out shapes are waiting –

What place? What tongue? What's this epiphany?

Bleating of lambs and merriment of little girls,
look at them pranking in the antique way –
month of May, maybe? – their fairy voices sound
on this silence, this profound sleep.
We sit, she, I,
on the grass edge of the road, on the brink of the happenings –

Alas, alas, I am again –

The Clergyman stands immobile,
sharp intelligence in an eagle eye,
the black poem-book
in a claw held to his white chest
and his lace shirt swelled by the leprechauns of wind
patiently waiting –

Heavy. Heavy. Heavy.
Metal glittering.
I did many a thing and got to know –
The bones and the bones we have whitened –

Fragments of words, fragments of memory,
dropping on the membrane of the mind –
bunch of little girls
chirping in country speech
and their vegetative thighs exposed
to the curiosity of the breeze under their butterfly skirts,
expecting a 'bit ov a do'.

Chun na hUaighe
Féile de hÍde, sa reilig ag Frenchpark, 1975

Eidhneán eaglaisiúil ar sheanbhalla
de chuid an chreidimh isteach, cliamhain
nár chreid móran i mbláthú, féach
an fialus bán
ar phiarda gheata na gcorpán
mar a bhfuil cipe fear faoi chaipíní tuaithe
ina gcrot greanta ag fanacht –

      Cá háit? Cén béal? Cad é an taibhdhearc seo?

Méileach na n-uan agus meidhréis cailíní,
féach ag princeam iad ar an sean-nós –
Bealtaine, b'fhéidir? – snámhann a nglórtha sí
ar an tost seo, ar an tromluí.
Suíonn muid, ise, mise,
ar ghruaimhín an bhóthair ar imeall na n-imeachtaí –

      Mo léan, mo léan, tá mé arís –

Tá an tEaglaiseach ina staic seasta,
éirim ghlinn sa tsúil iolartha,
an dánleabhar dubh
de chráig cuachta ina gheal-ucht
is a léine lásach á bolgú ag na leipreacháin ghaoithe
go foighneach ag feitheamh –

      Trom. Trom. Trom.
      Miotal ag glioscarnach.
      Do rinn' mé mórán is fuair mé fios –
      Na cnámha is na cnámha a bhánaigh muid –

Brioscarnach focal, brioscarnach cuimhní,
ag titim ar thanálacht na haigne –
baicle gearrchailí
ag bícearnach i mbéalrá tíre
is na leiseanna lusmhara leo ar fhis
d'fhiosracht an bhriota faoina sciortaí peidhleacháin,
ag feitheamh le 'bit ov a dú'.

220   Here it comes, a bus
       with the dust of the plain of the midlands like a
       mist of memory along with it,
       the host out of it alighting
       in the clothes and faces of the times, cross-section
       of the long attempt
       (to impose) the necessity of the word on the fairygirl music,
       a poet or two, shut face, the black Brotherhood,
       song folk, magazine folk, playactors and the new nun,
       teachers and literary maidens, odd what liveliness
       is stirred in step with them,
       as if the old wall through the glitter of ivy
       were angelling the resurrection –

               Stone-naked I saw it,
               old house of antique wisdom
               in the dark of Christmas, and Psalm Twenty-three –

       A Christ-brother of them, a leader,
       homely tone to his voice
       and a heavy red bouquet of garden-bloom
       in his hand as a present
               - *Sorry we're late, Reverend.*
       Slim, bony, naked of eye,
       the Clergyman bows
       and it seems to me
       that we all follow the Comedy along with them
       in through the gate of the dead.

Seo chugainn í, bus
is dusta ardchlár lár Éireann de cheo cuimhne léi,
an táin aisti ag tuirling
faoi éide agus aghaidheanna an ama, crosghearradh
ar iarracht fhada éigean an fhocail ar cheol na maighdine sí,
file nó dhó, dreach iata,
an Bhráithreacht dhubh,
an séis-lucht, lucht irisí,
pleaictéirí agus an *nun* nua,
oidí agus ainnirí éigse, ait an aeraíl
a ghintear i gcéim leo
mar a bheadh an seanbhalla trí dhrithliú an eidhneáin
ag aingliú an aiséirí –

> Fornocht do chonac é,
> seanteach seanaithne
> faoi dhuairceas Nollag, is Sailm Fiche-Trí –

Críost-bhráthair dá gcuid, ceannródaire,
an tíriúlacht ar a thuin
is pabhsae trom dearg de bhláthú an ghairdín
mar bhronntanas leis
> – *Sorry we're late, Reverend.*
Slím, cnámhach, súilnocht,
umhlaíonn an tEaglaiseach
is feictear dom
go leanaimid uile den Choiméide in éineacht leo
trí gheata na marbh isteach.

Where Shall We Walk?

Where shall we walk? The paths are all iced over,
On the grassy blankets of the roads we've known
Calcified mounds of slush and snow,
The wind stings the hollows of the knees
As slyly and as sharply as a whip . . .
I shall not walk with you. The flesh is stone.

We shall drive then, go to Mass,
Listen to *Hosanna in Excelsis*
Being ground out triumphally,
And feed upon the silly satisfaction
Of music swelling up the heart . . .
On a frosty day I act as chauffeur to the mysteries.

No, just no: I will not move today;
The chill has bloodied up my throat this long month past,
And every artery that makes a human burn
From brain down to the ground
Has been whitened to debility . . .
We'll wait and see if heat returns.

She Being 78, He Being 84

When they got married, we said,
"They'll help to heat each other"
(she being 58, he being 64).
When he passed away we felt
bile rising in our mouths.

They had lived on dole and grants,
gossip their one solace –
but the dead face in the room now
was of an old king from the past.

She shrieked with rage, and combed him
with pagan fingerings
while we sound Christians prayed
that the lava-flow would stop.

Cá Siúlfam?

Cá siúlfam? Tá na cosáin reoite,
carnáin chalcaithe de shneachta cruaite
ar bhlaincéadaí an bhóthair mar a mbíodh ár siúl.
'S tá an ghaoth ag aimsiú ioscada na nglún
chomh géar chomh glic le fuip . . .
Ní shiúlfad leat. Tá an corp ina chloch.

Tiomáinfeam? Racham ar an aifreann déanach
ag éisteacht le *Hosanna in Excelsis*
á ghreadadh amach go buach caithréimeach,
is bainfeam sásamh as an at gan éifeacht
a thagann ar an gcroí . . .
Chauffeur mé, lá seaca, ar dheabhóidí.

Ar deireadh: ní chorródsa amach inniu,
tá fuil i gcúl mo bhéil le mí ón sioc,
is ó inchinn go talamh síos
tá bánú déanta ar gach artaire
a dhéanann duine den daonnaí . . .
Fanfam féach an bhfillfidh teas arís.

Ise Seachtó hOcht, Eisean Ochtó Ceathair

Nuair pósadh iad adúramar
"Coinneoidh siad teas le chéile"
(ise caoga hocht, eisean seasca ceathair);
nuair cailleadh eisean, bhlaiseamar
an domlas 'nár mbéalaibh.

Ar dhéirc an stáit 'sea mhaireadar,
an tseanchaíocht a sólaist –
ach bhí aghaidh seanrí ársa anois
ar chorp a fir sa tseomra.

Liúigh sí le fíoch, do chuardaigh é
le méireanna págánta,
is sinne go críostaí ag guí
go gcoiscfí an sruth bolcánach.

She looked a widow of the Eastern world,
black shawl and moustached mouth,
the only woman in my lifetime
to have loved a prince
(she being 78, he being 84).

Elegy on the Death of a Friend

I can scarcely count the deaths I have lamented,
Acquaintances, often, I have barely known to speak to,
And on occasion
Have been forced, face to wall,
Foolish and distraught,
Because of God's barbarity
Striking children, or guileless people,
But when I heard, dear friend, of your decease,
I didn't weep
Or lose much sleep,
But kept strictly to the neat solution
Mapped out in his eternal cerebrations
By the blessed son of evolution:
I ate, drank, evacuated,
Fondled the television tit,
And fornicated on celluloid
With the virgins undefiled
Who read the continuity bit.
Forgive me, friend, I can't release
Another cry of grief.
Even my own death has ceased to make me weep.

Is ba bhaintreach ise ó oirthear domhain,
seál dubh is beol féasógach,
an t-aon bhean riamh lem mharthainse
a thit i ngrá le prionsa
(ise seachtó hocht, eisean ochtó ceathair).

Ar Bhás Carad

Is iomaí bás gan aird a chaoineas,
daoine nárbh eol dom ach ar éigin:
ó . . . thugas m'aghaidh le falla,
is shileas deora baotha i gan fhios,
toisc barbaracht do-shéanta Dé
a bheith ag luí ar ainniseoirí is ar leanaí
is ar ghaolta iomadúla dem chuid féinig.
Ach nuair chuala tásc do bháis-se, a chara,
níor ghoileas
ná ní mór a chailleas codladh.
Do leanas orm sa chonair dhíreach
a leag mac glórmhar na héabhlóide síos dom:
d'itheas, d'ólas, chacas,
mhúirníos sine na teilifíse,
is rinneas cumasc ar scáileán
le maighdeana gan smál na fógraíochta.
Ná tóg orm sin,
ní fhéadfainn é a thuilleadh –
an taom dóláis a scaoileadh.
Táim éirithe, a chara, as mo bhás féin a chaoineadh.

Catriona Montgomery

Eilidh

I thought that I would have you
midst rock, sea-wrack and glen,
and that you would learn Diarmid's language
fluently from myself –
not here in this east coast city
where I don't understand the children's play;
but tonight the kinship is close,
as you gurgle at the breast.

Roag, 2000 AD

When the hoodie-crow
takes the eye out of the last sheep,
I will be peeping in at your windows –
they will be there,
playing cards
and drinking Beaujolais,
a poodle prancing about their feet;
the warm smell of the milk will have left the byres,
and they'll be full of hard cold pottery
for the tourists;
the sound of tackety boots ghosts
walking on moors;
the crofts green and unproductive,
without spade-breaking.

When the hoodie-crow
takes the eye out of the last sheep,
I will be peeping
in at your windows,
listening to the breezes sighing
and the harsh English voices
clashing with the wind.

Eilidh

Bha dùil a'm gum biodh tu agam
measg chreag is tiùrr' is ghlinn,
's gun ionnsaicheadh tu cainnt Dhiarmaid
gu siùbhlach bhuamsa fhìn –
chan ann an seo san ear-bhaile,
far nach tuig mi cleas na cloinn';
ach a-nochd gur dlùth an dàimh, a chagair,
's tu torghan air a' chìch.

Ròdhag, anns a' Bhliadhna 2000

Nuair a bheir an fheannag
an t-sùil às a' chaora mu dheireadh,
bidh mi ri dìdearachd air d'uinneagan:
bidh iad an sin
a' cluich chairtean
's ag òl Beaujolais,
poodle a' dannsa mun casan;
bidh fhàileadh blàth a' bhainne air falbh às na bàthchannan,
's iad làn thruinnsearan fuar cruaidh *pottery*
airson an luchd-turais;
fuaim nam brògan tacaideach nan samhlaichean
a' coiseadh air monadh;
na croitean uaine fàsail
gun bhristeadh spaide.

Nuair a bheir an fheannag
an t-sùil às a' chaora mu dheireadh,
bidh mi ri farchluais
air d'uinneagan,
ri d'osagan ag ochanaich,
's na guthan cruaidh Sasannach
a' dol an aghaidh na gaoith.

Circle about the Moon

The year of the big storm
I saw a circle about the moon
and the stooks of barley streamed to the sea,
as my father, my sister and I stood
watching the work of our hands rush from sight.

At another time I saw a circle about the moon:
at the end of summer when love disappeared from sight,
a restless season till the healing spring,
but with time I noticed the sun.

But now at the end of a summer
I see a circle about the moon
and you going from me
to an English city;
my heart is desolate,
a wide swept open field
without the stooks of our love,
their ripe shelter
- should you not return,
neither will the spring sun.

Bliadhna mhòr na stoirme
chunnaic mi cearcall mun ghealaich
's dh'fhalbh na h-adagan eòrna
nan sruth sìos chun a' chladaich,
is sheas sinn nar triùir ann
(mi fhèin, mo phiuthar is m'athair)
a' faicinn obair ar làimhe
na deann-ruith à sealladh.

Is chunnaic mi uair eile
cearcall mun ghealaich –
aig deireadh samhraidh sgiamhach
chaidh gaol às mo shealladh.
Bu riaslach an tìm ud
gu 'n tàinig leigheas an earraich,
ach thàinig le tìde
àm grianach gu m'aire.

Ach a-nis, aig deireadh samhraidh,
chì mi cearcall mun ghealaich
is tusa a' falbh bhuam
gu baile an Sasainn,
's mo chridhe cho sgaoilte,
na raon mòr fada farsaing
gun adagan ar gaoil ann
fon d'fhuair mi fasgadh bha abaich
- 's ma dh'fhalbhas tu
cha till grian bhrèagha an earraich.

At Forty

Whoever continues in this trade
on the far side of forty
must surely be senseless
and soft in the head.

Were he to leave a bronze statue
or a new boat on a river,
to play a chamber symphony
or to level a mountain;

To write a long poem or epic adulatory,
a drama in gravel or a gritty novel;
to smithy a political speech for Haughey,
to put on and remove noble nappies,

High praises would sound on Croke Park loudspeakers,
delightful violins under shade of the elms,
ducks and geese on pilgrimage waters
paddling to his shrine, be he deaf as may be.

But for one not sensed as he passes forty,
whose pound has lost its greener value,
whose orbit-wings feel darts rheumatic,
for him it is a sorry ending!

An Atlantic Trip

In the land of hoops,
the land of apples,
I bought a bicycle
and took a run
out on the boards of the North Atlantic.

A cow was yawning,
a church that spoke,
while I rode on the back of the world's merriment.

Horses whinnied and donkeys brayed
ripples on the silent sea.

An Dá Scór

An té a leanann den cheird seo
thar na daichidí sall
is é déarfaí leis díchéillí
boige bhaoise sa cheann

Dá mba dealbh chré-umha d'fhágfadh
dá mba bád úr ar abhainn
dá mba siansa seomra sheinnfeadh
dá mba sliabh ina ghleann

Dá mba dán fada nó eipic mhórtha
dráma gainimh nó úrscéal grin
óráid pholaitíochta don Eochach a ghaibhneacht
éadaí uasala a chur nó a bhaint

Chluinfí carúil mhóra i bPáirc an Chrócaigh
veidhlíní aoibhnis faoi scáth na leamhan
oilithreacht lachan is géanna ar uisce
ag teacht chun scríne is tú a bheith bodhar

Ach don té nár fhág an dá scór ciallach
ar chaill a phunt a ghlasluacháil
ar phrioc na dathacha a sciatháin fhithise
is é an sáilín séire atá i ndán!

Sciuird ar an Atlantach

I dtír na bhfonsaí,
tí na n-úll,
cheannaigh mé rothar
is thug mé sciuird
amach ar chlár an Atlantaigh Thuaidh.

Bhí bó ag méanfach,
do labhair séipéal
is mé ag marcaíocht ar aer an tsaoil.

Bhí seitreach capall agus asal-ghrág
ina gcuilithíní ar an uisce mín.

A shorthorned bull out on the deep
snored quietly as we passed him by.

An angel stood on an island-tuft,
whales approaching staggeringly.

Old age skated on the surface ice,
youth caught him up before being void.

The country's women like a drifting shower
tipped the wave with their satin hems.

Merchant ships pressed towards the north
between Sri Lanka and the USA.

The cormorant and the live scald-crow
kept striking against the spokes of my back wheel.

A blowing whale was squirting high
over spire and trees in the sky.

Youth charged on and its bald head
an airport for birds' excrement.

A dog that barked, a terrier true,
kept somersaulting out of view.

The sky was starry, the sun a fire,
with summer snow on tracks and herds . . .

Sixpence a Week

Your speech was bought by your fathers,
each syllable dearly paid for.
Now you've got it, slovenly, unchangeable.

The older speech lies beneath, still burning out its vowels,
blowing away the breath from your phonetics.
And you all bring sixpence each week for the elocution teacher
who was trained in London
in order to keep an old taste from your mouths!

Gearradharcach tairbh amuigh sa bhlár,
ba chiúin a shrannadh ar ár ndul thar bráid.

Aingeal a sheas ar thortóg-oileán,
míolta mara chugainn ag longadán.

An tseanaois ar scátaí ar an dromchla oighir
is an óige ag breith air roimh dhul i vaighid.

Mná na tíre ina síobadh múir
ag cuimilt na toinne dá bhfáithim sróil.

Longa marsantais ag brúscadh ó thuaidh
idir Sri Lanca is an tOileán Úr.

Bhí an chailleach dhubh is an fheannóg bhríomhar
ag tuairteáil spócaí mo rotha cúilse.

Míol mór séidteach ag cur sconnóg
aníos ar spuaic is ar chrainn sa spéir.

Bhí an óige ar séirse is a chloigeann maol
ina aerfort tuirlingte do chac na n-éan.

Madra ag amhastraigh, brocaire tréitheach
is cleas na lúibe aige á dhéanamh.

Bhí an oíche réaltach, an ghrian ina caor
agus sneachta samhraidh ar sclaig, ar thréad . . .

Réal sa tSeachtain

Do cheannaigh bhur n-athair bhur n-urlabhraíocht
is do dhíol as gach siolla go daor.
Anois tá sé agaibh
liopastach, do-mhalarta.

Tá an seanfhriotal thíos ag dó a chuid gutaí,
ag séideadh an anáil d'bhur gcuid foghraíochta;
agus tugann sibh réal gach seachtain
don mhúinteoir deaslabhra a hoileadh i Londain
chun an beol a choimeád ó sheanbhlas!

Sun

I feel the sun behind
the ooze of clouds
from east to west
I feel heat
awhile
growth
I throw dust in the eyes of death.

The New

Everything is new
miracles happen without effort
nothing is old
save the memories of man or woman.
Everything is new
but – frightening to relate –
only through love is its nature revealed.

To Where I Am

An ocean calls to me again
within the ocean
neither above nor below me . . .
close by is bliss.

I am called but not to drown
not even to be baptised again
I am called because there's a reason
to journey once more to where I am.

Correcting Fluid

With white correcting fluid
can thoughts be nullified?
Even should the bottle be full
all you'll get is short respite.
Understand when thoughts besmudge your page
your very being is all fluid.

Grian

Braithim an ghrian laistiar
D'úscadh scamall,
Anoir aniar
Aduaidh aneas
Braithim teas
Tamall,
Fás,
Buailim bob ar bhás.

An Nua

Tá gach ní nua
Tarlaíonn míorúiltí gan dua
Níl aon ní sean
Ach cuimhní bhíonn ag fear nó bean.
Tá gach ní nua
Ach – sceonmhar le lua –
Nach nochtar a nádúr gan gean.

Faoi mo Dhéin

Glaonn aigéan arís chugam
Ionam an t-aigéan
Ní os mo chionn ná fós fúm . . .
Lámh liom tá séan.

Glaoitear orm is ní do mo bhá
Ná do m'athbhaisteadh féin,
Glaoitear orm mar go bhfuil fáth
Go dtriallfainn athuair faoim dhéin.

Leacht Ceartaithe

Le leacht ceartaithe bán
An féidir smaointe a chur ar ceal?
Fiú má tá an buidéal lán
Ní bhfaighir as ach faoiseamh seal.
Tuig nuair a smearann smaointe do phár
Gur leacht ar fad do lár.

Mountain

Are the mountains blue, black or white?
Are they visible in their entirety?
Did any human being ever see a mountain?

Gale

Clattering of doors and windows
smoke, dust, leaves,
stormy day
fenceless oneworld.

Diver without a Shadow

The diver is naked
those are his spectacles on the beach.
The diver is naked
the opening arms of the bay welcome him.
The diver is naked
he cannot utter his own name.
The diver is naked
what's this?
His shadow slowly stalks away.

The Octopus (for children)

I am 8 today, says the 8-pus (octopus)
And my friends are coming to tea,
I love being 8, says the 8-pus
The party will be at 6.

I am 8 today, says the 8-pus
And my friends are coming to tea,
I love being 8, says the 8-pus
I was a 7-pus yesterday!

Sliabh

An bhfuil na sléibhte gorm, dubh nó bán?
An bhfuil siad le feiscint go hiomlán?
An bhfaca daonnaí sliabh
Riamh?

Gála

Cleatráil doirse is fuinneog
Deatach, dusta, duilleoga,
Tá an lá ina ghála
Aondomhan gan fál.

Onfaiseoir gan Scáth

Tá an t-onfaiseoir nocht
Sin iad a chuid spéaclaí ar an trá.
Tá an t-onfaiseoir nocht
Osclaíonn géaga fáilteacha na bá.
Tá an t-onfaiseoir nocht
Ní féidir leis a ainm féin a rá
Tá an t-onfaiseoir nocht
Cad seo?
Siúlann uaidh go mall a scáth.

An tOchtapas (do leanaí)

Táim ocht inniu, arsa an t-ochtapas
Is beidh mo chairde ag teacht le haghaidh tae,
Is breá liom bheith ocht, arsa an t-ochtapas
Beidh an chóisir againn ag a sé.

Táim ocht inniu, arsa an t-ochtapas
Is beidh mo chairde ag teacht le haghaidh tae,
Is breá liom bheith ocht, arsa an t-ochtapas
Ba sheachtapas mé inné!

Cat

Hello dull cat
three storeys up
tell me your story
and I'll tell you another
who put you out
who caught your eye
thanks for your company
but you've got witchcraft about you

Did you get in tow with fortune
or did you just take the wrong road
is that what's left you so dull
compared to the rest of your kind
you've got red in your eyes
and they're supposed to be green
was it weeping tears you were
as a messenger of death

come in black cat
under the window
throw off the rain
and sit in my lap a while
tell me what makes
your body so stiff
and what left you shivering
out there on the ledge

I can't understand you
because there's a bad feeling around you
and it's not wise for me to stroke you
you're frozen under my hand
but since you came at all
with the fur straight up on your back
I've got to show you
kindness just now

Cat

Hallo a chait mhaill
Trì irean shuas
Innis dhomh do sgeulachd
'S innsidh mise tèil'
Cò chuir a-mach thu
Cò a ghlac do shùil
Buidheachas dha do chomain
Is buidseachd fo do cheum

An deach thu lùib an fhortain
No na ghabh thu an rathad ceàrr
Dè a dh'fhàg cho mall thu
'S an còrr ga d'sheòrs' cho geur
Dearg na do shùilean
'S còir ac' a bhith uain'
An ann a' sileadh dheòir a bha thu
Air teachdaireachd a' bhàis

Trobhad a chait dhuibh
Steach air bonn na h-uinneig
Caith dhiot an t-uisge
Is suidh air m'uchd-sa greiseag
Innis dhomh mun ragadh
A thàinig air do chorp
'S dè a dh'fhàg nad chrith thu
A-muigh an siud air sgeilp

Chan urrainn dhomh do thuigsinn
'S droch fhaireachdainn na do chois
'S chan eil e glic do shlìobadh
'S tu reòite fo mo bhois
Ach bhon ràinig tu idir
Is bian dìreach air do dhruim
'S e mo chuid-sa caoimhneas
A chumail riut an dràsd'

Off you go you worthless cat
and don't come back for a while
stay away from me with your pain
because it takes so much in its wake
my contentment and joy goes
when I remember the state of you
two sides to your nature
and yet I'm scared to let you go

If I Had an Island

If I had an island
and a little castle with it
with sheep and crofters
and a poor man's poll tax
and hills full of grouse
and deer that are good for sport
green wellies
a fore-and-aft
a jumper with holes
and rounded vowels

If I had an island
with a wee plane for myself
and a Range Rover waiting below
for my smooth paws
and manservant gamekeepers
clucking round my heels
a garden full of herbs
with tall fences
locked gates
and red signs

I wouldn't stay there either.

Bi falbh a chait shuaraich
'S na till airson greis
Fuirich bhuam le d'chràdhadh
'S e toirt uimhir leis
Mo shaorsainneachd 's mo thoileachas
A' cuimhneachadh do chor
Dà chruth air do nàdar
Is eagal orms' do leigeil às

Nam Bitheadh Agams' Eilean

Nam bitheadh agams' eilean
Is caisteal beag na chois
Le caoraich agus croitearan
Is *poll tax* duine bochd
Is làn nan cnoc de chearcan-fraoich
Is fèidh tha math 'son spòrs
Bòtannan uaine
Fore-and-aft
Geansaidh le tuill
Is fuaimreagan cruinn

Nam bitheadh agams' eilean
Is plèana beag dhomh fhìn
Le *Range Rover* shìos a' feitheamh
Airson mo chrògan mìn
Is sgalagan de gheamairean
A' gogadaich mu m'shàil
Leas lan lusan
Le feansaichean àrd'
Geataichean glaiste
Is soighnichean dearg

Chan fhuirinn-s' ann a bharrachd.

Reaching

The horse is too tall to climb on his back; it's useless to try to stretch up. Will I harness a donkey and head him downhill? No. I will not sell the saddle and I will not part with the spurs, but I will lead him by the head until I myself grow big, for there is very little chance that the big horse will get small.

Burdensome Retinue

There's a pack of poets on my back syllabling into my ear; although I'm a willing christopher, I merely ferry their words.

It is they, not I, who speak when I am tempted to versify; under the weight of their metres and minds my poetic expression is flattened.

If they'd only clear off I'd construct my poem and half my troubles would be over; for then it might not be long till my poem would construct me.

Sroicheachtáil

Tá an capall ró-ard le dhul ar a dhroim,
Ní fiú domh bheith ag sreangadaidh;
An gcuirfidh mé m'úim ar asal
Is a aghaidh a thabhairt le fánaidh?
Ní dhéanfaidh.
Ní dhíolfaidh mé an diallait
Is ní reicfidh mé na spoir,
Ach rachaidh mé a chinnireacht
Go dté mé féin i méid,
Nó beag an seans go rachaidh
An capall mór i laghad.

Ualach

Tá tromdhámh ina suí ar mo dhroim
Ag sioscadh a siollaí i mo chluasa;
Gidh guaireach an criostóir mé féin
Is farantóir focal mé fúthu.

Is iadsan, ní mise, a labhrann
Nuair a thig orm cathú na héigse;
Faoi mheáchan a meadar is a meabhrach
Tá léire mo dháin ina léice.

Dá n-imeoidís chumfainn mo dhán
Is bheadh deireadh le leath mo léin;
Ansin seans nárbh fhada an lá
Go gcumfadh mo dhán mé féin.

I travel with them often along the narrow path of memory between the hill of my longing and the sea of my desire; there is no climbing and no swimming – soul-friends have neither legs nor arms.

But the lack of limbs is a great relief on the narrow pad of memory; there is no temptation for the eye or fumbling for the fingers or effrontery for the lips; there is no longing of the young for age or of the old for youth, just hope that as the years go by we draw a little closer to God.

Infant-song
To My New-Born Niece

You were born, little princess, when no star beckoned in the eastern sky; *dona ferentes* friends came with gold and I came bearing frankincense and myrrh.

But I took from you more than I brought – you sang a song of living testimony; although still dumb, from your lips came the angel-song *Puella nata est.*

Nightmare

I am drowning in a waterless ocean, being burnt in a fire that is out; I am smothering on an open hillside where there is not a breath of air; I am being buried alive in a grave without clay, without sand, without soil, and I am screaming and begging for help from the non-existent element King.

[*Note. There is a syntactical pun in the last line which is difficult to convey in English:* nach bhfuil ann *may govern either* Rí *or* na ndúl.]

Anamchairde

Is minic mé ag taisteal leo
Siar cosán cúng na cuimhne
Idir cnoc mo dhúile is farraige mo mhéin;
Ní féidir dreapadh is ní féidir snámh –
Níl lámh ná cos ar anamchara.

Ach faoiseamh mór an easpa géag
Ar chabhsa caol na cinniúna;
Níl cathú súl
Ná mealladh méar
Ná dánaíocht béil ar bith ann;
Níl tnúth na hóige le haois
Ná tnúth na sean le hóige,
Ach dóchas gur le himeacht blian
A dhruidimid le Dia.

Naídhán
Do Mo Neacht Nuabheirthe

Rugadh thú, a ríbhean óg,
Gan réalt ag sméideadh ins na spéartha thoir;
Dona ferentes tháinig dream le hór
Is tháinig mise ag iompar túise is mirr.

Ar thug mé duit ná a bhfuair mé uait níor mhó –
Chan tusa domhsa dán ar bheo a theist:
Gidh balbh fós tú, as do bheola cheol
an t-aingealchór *Puella nata est*.

Tromluí

Mé 'mo bháitheadh in aigéan gan uisce,
'Mo loisceadh i dtine atá as,
Mé 'mo phlúchadh ar thaobh mhala shléibhe,
An áit nach bhfuil puithín aeir ann;
Mé 'mo chur beo beathach in uaigh
Gan chréafóg, gan ghaineamh, gan úir,
Is mé ag scréachaigh ag iarraidh cúnaimh
Ar Rí na ndúl nach bhfuil ann.

Watch them still returning

watch them still returning
one after the other
step by step
with fear in their hearts
but half asleep
yet still listening
as though the wind should drop
and speak in a whisper.

Fear won't let them return –
those who are fighting for life
they who wear the cinder of fire
at their hearts
They were born to the sun
and sailed a while
towards her
and will continue
towards her
one after the other
step by step
and only their honour
is left – written
on a breath of wind.

You are deer prints

You are deer prints on the path
and the young of the woodcock
fallen from its nest.

You are the seal moaning on the rock
mist twining on the crag;
the nostalgic song!
Seedlings of my confidence
roots of my heart
(a whisper of eyes
pressure of elbows –
drink breath and music)
Each hair on my body
sucks strength from
my blood.

Coimhead iad fhathast a' tighinn

coimhead iad
fhathast a' tighinn
ceum air cheum
le eagal nan cridh'
's iad nan leth-chadal
ach fhathast ag èisdeachd
mar gum bu chòir don ghaoth tuiteam
agus faclan a ràdh ann an cagar.

Cha leig an t-eagal leotha tilleadh
iadsan a tha a' sabaid airson Beatha
iadsan a tha cosg èibhleag an teine
aig an cridh'
Rugadh iad don ghrèin
's sheòl iad greiseag ga h-ionnsaigh
fear an dèidh fir
ceum air cheum
's cha bhi
air fhàgail
ach an onair
air a sgrìobhadh
air oiteig gaoithe.

Is tusa lorgan fèidh

Is tusa lorgan fèidh
air frith-rathad
is isean coileach-coille
a thuit à nead.

Is tu caoineadh
nan ròn air sgeir
's ceò suaineadh mu chreag.
'S tu Oran a' Chianalais
meuran mo mhisneachd
freumhan mo chridhe
(cagar sùl is taic uilnean
ag òl anail agus ceòl)
agus gaoiseid mo chuirp air fad
a' deoghal neart bho m'fhuil.

Let me shut my eyes
and see you once more
my support
my future
my never
my empty cleets of Hirta . . .
I see you, my *ceòl mòr*,
my folklore –
why is it that you remind me of
the life and death of St Kilda.

Dùineam mo shùilean feuch am faic
mi thu uair eile
mo chùl-taic
mo dh'aithghearrachd
mo neonidheachd
mo chleitean falamh Hiortach!
Chì mi thu, mo cheòl mòr,
mo bheul-aithris –
carson a tha thu a' cur na mo
chuimhne beatha agus bàs Hiort.

Na Bàird Albannach/The Scottish Poets

Meg Bateman was born in Edinburgh in 1959. She learned Gaelic at Aberdeen University and in South Uist. She went on to do a Ph.D. in Classical Gaelic religious poetry which she finished while teaching a frenetic mixture of language classes in Edinburgh. Since 1991 she has been a member of the Celtic Department at Aberdeen University.

Her poems first appeared in the magazines *Gairm, Chapman, Lines Review, Verse, Innti, Poetry Ireland Review* etc. and have been anthologised in *Other Tongues* (Verse, 1990), *Twenty of the Best* (Galliard, 1990) and *An Aghaidh na Sìorraidheachd /In the Face of Eternity* (Polygon, 1991 & 1993). Coiscéim brought out a collection with Irish translations, *Orain Ghaoil/Amhráin Ghrá,* in 1990. She edited and translated the Gaelic section for Catherine Kerrigan's *An Anthology of Scottish Women Poets* (Edinburgh University Press, 1992). She has given many readings in Scotland, England, Poland and, best of all, in Ireland, where the Colonel's circuit is a lasting inspiration.

Aonghas Caimbeul/Angus Campbell was born in the village of Suaineabost in Ness, on the island of Lewis, in 1903. He was a boatman in the Hebrides for some time, went to India as a soldier and spent some time in Glasgow as a shipyard worker before the Second World War. Much of the War was spent in a German prison camp in Poland, and he was one of a small number of inmates to survive a long forced march from the camp after the Allied liberation began. He spent the rest of his life with his family on his croft in Lewis, where he died in 1982.

His poetry was collected in *Moll is Cruithneachd* (Gairm, 1972), while a detailed account of his life may be found in his prize-winning autobiography, *Suathadh ri Iomadh Rubha* (Gairm, 1973). It has come to be regarded as a modern classic, and it has been serialised on radio. His nickname of *'am Puilean'* is used to distinguish him from his younger brother Angus (1908-49), also a poet, whose nickname was *'am Bocsair'*.

Aonghas-Phàdraig Caimbeul/Angus Peter Campbell was born

and brought up on the island of South Uist. At the age of 12 he   251
moved with his family to the Isle of Seil near Oban. He attended
Garrynamonie Primary, South Uist, Oban High School and
Edinburgh University, where he graduated with Honours in Politics
and Modern History. He has just finished a two year period as
Sgrìobhaiche (Writer in Residence) at Sabhal Mòr Ostaig, the Gaelic
college on Skye, where he now teaches part-time.

His first collection of English Poetry, *The Greatest Gift*, appeared
from Fountain Publishing in 1992 to wide critical acclaim – it was
described as 'a masterpiece' by Sorley MacLean. He has also written
a Gaelic novel for teenagers, *Cairteal gu Meadhan-Latha* (Acair, 1992).
Fountain plan to publish his second collection, *One Road*, which
will contain several new Gaelic poems, this autumn.

Campbell is a committed Christian, whose writing currently con-
cerns itself with questions of redemption, freedom, renewal and
love.

Maoilios M. Caimbeul/Myles Campbell was born in Staffin, Skye,
in 1944. After many wanderings, including 14 years on the island
of Mull, he is now back on the family croft in Staffin and devotes
his time to writing.

His books of poetry are *Eileanan* (Glasgow University Celtic
Department, 1980), *Bailtean* (Gairm, 1987) and *A' Càradh an
Rathaid/Ag Coiriú an Róid* (Coiscéim, 1988), and there is a booklet of
children's verse, *Blasad de Aesop* (Seahorse Design & Publications,
1991). His work also appears in the anthology *An Aghaidh na
Sìorraidheachd*. Adventure stories for children and teenagers include
Clann a' Phroifeasair (Gairm, 1988), *Talfasg* (Gairm, 1990) – these
two being available in Irish from Cló Iar-Chonnachta and Coiscéim
respectively – *Mèirlich nam Bradan* (Acair, 1991) and *A Ulbha gu
Geelong* (Acair, 1992). *Bailtean* is also available read on a cassette of
the same name (Mull Recordings, 1990) with musical accompani-
ment by Donald Shaw of Capercaillie and Susan Parsons. Plays and
sketches by Maoilios have also been performed at the National Mod.

Tormod Caimbeul/Norman Campbell was born in 1942 in Ness,
Isle of Lewis. Worked in Glasgow and Edinburgh and on the croft
at home. Went to Edinburgh University in 1966 and then did a
teacher training course at Jordanhill College, Glasgow. From 1970
worked as a teacher in Glasgow, South Uist and in Lionel School,
Ness. At present enjoys life as Writer in Residence with Comhairle
nan Eilean, the Western Isles Islands Council. Married, with three
children.

Published one adult novel, *Deireadh an Fhoghair* (Chambers,

 1979), and several books for children. Writes scripts for children's programmes for radio and television.

Iain Mac a' Ghobhainn/Iain Crichton Smith was born in 1928. Attended Nicolson Institute, Stornoway, Isle of Lewis, thereafter Aberdeen University (MA Honours, English). Taught English from 1952 to 1977 and then became full-time writer, publishing in English and Gaelic – short stories, plays, novels, poems. Has also written many plays for radio in both languages, and in Gaelic a number of stage plays.

Titles in Gaelic include *Bùrn is Aran*, short stories (Gairm, 1960); *Bìobuill is Sanasan-Reice*, poetry (Gairm, 1965); *An t-Aonaran*, a novel (Glasgow University Department of Celtic, 1976). Titles in English include *Consider the Lilies*, a novel (Gollancz, 1968); *Selected Poems* (Carcanet, 1985); *Selected Short Stories* (Carcanet, 1990); *Collected Poems* (Carcanet, 1992).

Work for children in Gaelic includes three novels – *Iain am measg nan Reultan* (Gairm, 1970); *A' Bheinn Oir* (Acair, 1989); *Turas tro Shaoghal Falamh* (Acair, 1990).

Domhnall MacAmhlaigh/Donald MacAulay was born on the island of Bernera, off the west coast of Lewis, in 1930. He was educated at the Universities of Aberdeen and Cambridge, and has taught at the University of Edinburgh, Trinity College Dublin and the Universities of Aberdeen and Glasgow, where he is currently Professor of Celtic. He also spent time some time studying the Irish of Rann na Feirste.

His poetry has appeared in the collection *Seóbhrach ás a' Chlaich* (Gairm, 1967) and in the anthology *Nua-Bhàrdachd Ghàidhlig/Modern Scottish Gaelic Poems* (1976), which he edited and which has been reprinted several times (by Canongate Press). He has published many articles on Gaelic language and literature, edits the journal *Scottish Gaelic Studies* and wrote the section on Scottish Gaelic in *The Celtic Languages* (Cambridge University Press, 1993), which he also edited. He is Chairman of the Gaelic Books Council.

Iain MacDhòmhnaill/Ian MacDonald was born in 1946 and is from the island of Grimsay, North Uist. He attended Glasgow University and afterwards worked at a variety of jobs in Uist, Birmingham, Essex, Glasgow, Uist again and London. He has been working for Comhairle nan Leabhraichean (the Gaelic Books Council since 1976. He has had poems and short stories published in the magazine *Gairm* and in various anthologies, and has translated several children's books, including *Am Mabinogi* (Club Leabhar, 1984), the first Gaelic version of the famous Welsh stories. But almost all of his literary input since 1976 has been to the work of other writers.

Ruairidh MacDhòmhnaill/Roderick Macdonald was born on the island of North Uist in 1920, and educated in primary schools in Uist; the Nicolson Institute, Stornoway; Glasgow University; and Trinity College, Glasgow, where he trained for the ministry of the Church of Scotland. After a period of war service, in 1946 he was inducted to St Columba Old Parish Church, Stornoway. There he remained for twenty years until he moved to Insch, Aberdeenshire, where he served for another twenty years and where he is now retired. He is the last crowned Bard of An Comunn Gàidhealach, and has published two books of poetry – *Leth-cheud Bliadhna* (Gairm, 1978) and *Traoghadh is Lìonadh* (the Author, 1991) – along with two books of Gaelic hymn translations. He writes a weekly Gaelic column in the *Stornoway Gazette* newspaper.

His main work to date, however, has been the translation of the poetry of Robert Burns, and in 1992, in association with the Celtic Department of Edinburgh University, he published a Gaelic version of the complete poetical works of Burns, a 'world first' in any language.

Fearghas MacFhionnlaigh: I was born in 1948 in the Vale of Leven, Dunbartonshire. We emigrated to Ontario when I was three, returning seven years later. Interest in Gaelic started in my teens, triggered in part by place-names encountered on camping trips. I remember staring at a road-sign somewhere between Loch Lomond and Loch Long and announcing "I'm going to learn this language!" This decision was consolidated by the realization that Gaelic is the tap-root of Scottish cultural identity. The flower from that root would be my pacific answer to the broken axe of the poem I have here. Mitterand once said, "Un peuple qui perd ses mots n'est plus entendu de personne." Phillipe de Saint Robert added, "Et par malheur ne s'entend plus lûi-meme." To that I respond "Voici l'Ecosse!"

From the outset of my literary efforts Derick Thomson has been a thorough encouragement. A novel for children, *Có Ghoid am Bogha-Froise?*, appeared in 1978 (Glasgow University Department of Celtic), while the long discursive poem *A' Mheanbhchuileag* was published by Gairm in 1980 and in 1991 another poem-sequence, *Iolair, Brù-dhearg, Giuthas*, was published, also by the Department of Celtic.

 Somhairle MacGill-Eain/Sorley MacLean was born in Raasay in 1911, and educated in Raasay School, Portree High School and Edinburgh University. He taught in Portree, Tobermory, Edinburgh and Plockton. During the early Sixties he started and maintained the open agitation that saved and extended the teaching of Gaelic, and he was one of the pioneers of Comprehensive Education.

In September 1939 he tried to get into the Army. In 1941 he failed to get a Royal Signals Parachutist job and then to be transferred to the Camerons. He was attached to the R.H.A. in Egypt and Libya and wounded thrice.

His collected poems, *O Choille gu Bearradh/From Wood to Ridge*, 1989 and 1990, are published by Carcanet, and his prose works by Acair (*Ris a' Bhruthaich*, 1985).

He has five honorary doctorates, got the McVitie and Saltire prizes and the Queen's Gold Medal for Poetry, and was Alumnus of the Year (1990) of Edinburgh University.

Tormod MacGill-Eain/Norman Maclean was born in Glasgow in 1938, his parents being from North Uist and Tiree. In the following year he was sent up to the Highlands, near Loch Arkaig, and in 1944 he moved to South Uist, where he went to school. Later he attended school and University in Glasgow and became a teacher. He became nationally known in 1967, when he won both the Bardic Crown and the Gold Medal for singing at the National Mod, the only person ever to have done so.

Tormod has composed tunes for the bagpipe, which he also plays, as well as songs and poems, and in recent years he has become a popular singer, comic and all-round entertainer at home and abroad – in theatres, on television (especially with his series *Tormod air Telly)* and in cabaret. He is based in Oban, and is writing a novel at present.

Donnchadh MacLabhrainn/Duncan MacLaren: born in Dumbarton in 1950, raised in Clydebank. Though of Gaelic-speaking Perthshire stock, had to learn Gaelic. Studied languages at Glasgow University, including Celtic, and theology and development at New College, Edinburgh. Worked in Germany and Switzerland and for the Historical Dictionary of Scottish Gaelic at Glasgow University. Spent eight years as researcher and press officer to the SNP. Currently Director of SCIAF, the Scottish Catholic International Aid Fund, the sister agency to Ireland's Trócaire, and travels regularly to the Third World. Profoundly dismayed at accompanying Sorley MacLean on the tour as a "fellow bard". It is now regarded as a seminal experience which caused immediate aban-

donment of poetry writing despite kind encouragement! Lay mem- 255
ber of the Dominican Order. Books: *Amannan* (contributor), *Focus on Justice and Peace* (contributor), *Dialogue for Development* (Scottish editor), *The Radical Tradition* (contributor).

Donnchadh MacLeòid/Duncan MacLeod was born on 17th June 1934 in Ranish in the parish of Lochs on the island of Lewis. His work has appeared over a period of years in *Gairm*, and in 1985 a book of his poems entitled *Casan Rùisgte* was published by the Glasgow University Department of Celtic. In 1979 he won the poetry competition at the first National Mod to be held in Lewis.

He has been Secretary of the Celtic Film and Television Association for the past ten years, based in Inverness, where he has lived since 1966. An occasional broadcaster, he is also actively involved in the promotion of Gaelic Arts as Chairman of Fèisean nan Gàidheal. He is married, with a family of three sons and a daughter.

Aonghas MacNeacail was born in 1942 in Uig, Isle of Skye. Freelance journalist and broadcaster in both Gaelic and English. Poet, originally in English, then bilingually, now habitually in Gaelic. Thrice on the Irish tour, he has also read in Germany, Belgium, Poland, the USA, Canada and Japan. His poems have been published in Australia, the USA, Belgium, Switzerland, Spain, Japan, Ireland, Italy and Finland.

Publications in English: *A Poetry Quintet* (Gollancz, 1976); *imaginary wounds* (Print Studio Press, 1980); *Rock and Water* (Polygon, 1990). Publications in Gaelic (all with parallel translation in English): *Sireadh Bradain Sicir/Seeking Wise Salmon* (Balnain Books, 1983); *An Cathadh Mór/The Great Snowbattle* (Balnain Books, 1984); *An Seachnadh agus Dàin Eile/The Avoiding and Other Poems* (Macdonald Publishers, 1986). Included in various anthologies, among them *An Aghaidh na Sìorraidheachd* and *Poeti della Scozia Contemporanea* (Universita degli Studi Trento, 1992).

Murchadh MacPhàrlain/Murdo MacFarlane was born in Mealbost, on the Point peninsula in Lewis, in 1901. As a young man he emigrated to the New World, where he composed, to a well-known tune, his celebrated song ''S Fhada Leam an Oidhche Gheamhraidh'. He eventually returned home, served in the Second World War and then spent the rest of his life in his native village. Already known in Lewis as a reciter of his own poetry, he had reached a wider public by the 1970s through his association with a younger generation who sang his songs (especially the group Na h-Oganaich), and he often appeared at public events and on television. He died in 1982.

An Toinneamh Dìomhair (Stornoway Gazette, 1973) was the first collection of his verse, and in 1986 the Western Isles branch of An Comunn Gàidhealach issued the book *Dàin Mhurchaidh*, which was accompanied by a tape on which he was heard singing his own songs.

Ruaraidh MacThòmais/Derick S. Thomson was born in Stornoway on 5th August 1921, son of Gaelic poet Seumas MacThòmais. Educated Bayble Public School, Nicolson Institute, Aberdeen University, Cambridge, Bangor (North Wales). Married to Carol Galbraith, 1952. Five sons, one daughter. Professor of Celtic, University of Glasgow, 1963–91. Chairman, Gaelic Books Council 1968-91. President, Scottish Gaelic Texts Society. Awarded Ossian Prize, 1974. Hon. D.Litt., University of Wales, 1987.

Founder and editor of the magazine *Gairm*, 1951–. Author and/or editor of many books and papers e.g. *Branwen verch Lyr* (1963), *An Introduction to Gaelic Poetry* (1974, 1990), *The Companion to Gaelic Scotland* (1983, 1987), *The New English-Gaelic Dictionary* (1981), *Bàrdachd na Roinn-Eòrpa an Gàidhlig* (1990), *The MacDiarmid Ms Anthology* (1992). Collections of poetry: *An Dealbh Briste* (1951), *Eadar Samhradh is Foghar* (1967), *An Rathad Cian* (1970), *The Far Road* (1971), *Saorsa agus an Iolaire* (1977), *Creachadh na Clàrsaich* (1982), *Smeur an Dòchais* (1992).

Iain Moireach/John Murray was born in Barvas, Lewis on 27th March 1938. Editor, BBC Radio nan Gàidheal, 1987–92. Previous employment includes Editorial Officer, the Gaelic Books Council; Director, Bilingual Education Project; Assistant Director of Education, Comhairle nan Eilean. Active at forefront of initiatives supporting Gaelic in educational, cultural and community development for many years. Other than professional publications, has written poetry, short stories, a number of books and other material for children; plays for stage and radio. His 1973 collection of short stories, *An Aghaidh Choimheach*, was re-issued by Gairm Publications earlier this year, but he is careless about publication, except of children's material.

Uilleam Nèill/William Neill was born in 1922 in Ayrshire. Poet in Gaelic, Scots, English. After the example of the late George Campbell Hay, attempts a poetic synthesis of Scotland's linguistic condition. Native tongue Scots; taught standard English in school;

pursued the acquisition of Gaelic from basics to a degree in Celtic as a mature student. Retired airman, secondary school teacher; now writes full-time.

Published works include *Scotland's Castle* (1969, Reprographia); *Poems* (Akros, 1970); *Four Points of a Saltire*, with Sorley MacLean, Stuart MacGregor, George Campbell Hay (Reprographia, 1970); *Despatches Home* (Reprographia, 1972); *Buile Shuibhne* (Club Leabhar, 1974); *Galloway Landscape* (Urr Publications, 1981); *Cnù à Mogaill* (Glasgow University Department of Celtic, 1983); *Wild Places* (Luath Press, 1985); *Blossom, Berry, Fall* (Fleet Intec, 1986); *Poems in the Thrie Leids o Alba* (Scotsoun cassette tape, 1991); *Straight Lines* (The Blackstaff Press, 1992); *Tales frae the Odyssey o Homer Owerset intil Scots* (The Saltire Society, 1992). Has translated some Gaeilge into Gàidhlig, including Merriman's *Cúirt an Mheán Oíche* (*Gairm*, nos. 130 & 131). Canongate Press expect to publish his *Collected Poems* in the near future.

Catrìona NicGumaraid/Catriona Montgomery was born in Roag on the Isle of Skye in 1947. She studied Gaelic and Scottish History at Glasgow University and then trained as a teacher of Gaelic and Modern Studies at Jordanhill College of Education in Glasgow. After teaching in a Glasgow school for two years, she became the first Writer in Residence at Sabhal Mòr Ostaig. Apart from writing poetry, she has written plays and scripts for the BBC and other companies. She is also an actress. Catriona lives in Glasgow with her husband and two children.

With her sister Morag, she published *A' Choille Chiar* (Clò-Beag, 1975), and her poetry has also appeared in various anthologies and magazines. A new book, *Rè na h-Oidhche*, is due shortly from Canongate Press.

Màiri NicGumaraid/Mary Montgomery was born in 1955 in Arivruaich on the island of Lewis. She started writing poetry at university in Aberdeen in 1974 and has had work published in the magazines *Crann, Gairm, Chapman* and *Carn*. A collection of her poems, *Eadar Mi 's a' Bhreug*, was published with translations in Irish by Coiscéim in 1988, and her work also appeared in *An Aghaidh na Sìorraidheachd*. A children's novel, *Am Baile Beag Annasach*, appeared from Acair in 1990, and earlier this year they published her first adult novel, *Clann Iseabail*. She lives in Glasgow and works as a radio producer.

Mòrag NicGumaraid/Morag Montgomery has been on the Irish tour three times. Born in Roag on the Isle of Skye in 1950, she was

258 educated at Portree High School, the Glasgow School of Art and Jordanhill College. More recently, she has trained as a puppeteer in Conamara, and now practises with different companies. She lives on Skye with her three sons.

Her poetry has appeared in *A' Choille Chiar* (Clò-Beag, 1975), the collection shared with her sister Catriona. She was Writer in Residence at Sabhal Mor Ostaig in 1979–80 and she has written scripts for radio.

Na Filí Éireannacha/The Irish Poets

Colm Breathnach was born in Cork in 1961. He studied at University College Cork and attained a Master's Degree in Modern Irish Literature under Professor Seán Ó Tuama. He now lives in County Kildare and works as an Irish language terminologist with the Department of Education in Dublin. His first collection of poetry, *Cantaic an Bhalbháin* (Coiscéim, 1991), won Duais an Ríordánaigh, the principal poetry award, at Oireachtas '91. His second collection, *An Fearann Breac*, was published by Coiscéim in 1992.

Deirdre Brennan was born in Dublin of Northern parents in 1934 and spent her youth in Clonmel and Thurles, Co. Tipperary. She studied English and Latin at University College Dublin. She is a lecturer in English at St. Patrick's College, Carlow, and her publications include two collections of poems in Irish: *I Reilig na mBan Rialta* (Sáirséal·Ó Marcaigh, 1984) and *Scothanna Geala* (Coiscéim, 1989), which was a Poetry Ireland Choice of the year. She has been anthologised in *An Fhilíocht Chomhaimseartha 1975–1985* (Coiscéim, 1987) and *Wildish Things* (Attic Press, 1989). Two of her poems have been chosen for the new Junior Certificate textbook *Beart is Briathar 3*.

She has lived in Carlow for the past twenty-five years with her engineer husband Joe and their five, now grown up, children.

Michael Davitt was born in Cork in 1950. He founded the poetry journal *Innti* in 1970 while a student at University College Cork. He has published four books of poetry, *Gleann ar Ghleann* (Coiscéim, 1982), *Bligeard Sráide* (Coiscéim, 1983), *Rogha Dánta: Selected Poems 1968–1984* (Raven Arts Press, 1987) and *An Tost A Scagadh* (Coiscéim, 1993). In 1990 Cló Iar-Chonnachta issued a cassette recording of his poems, *Galar gan Náire*.

He has taught Irish at all levels and has been manager of Slógadh, the national youth festival. He has received two writing bursaries from the Arts Council and has read his work extensively in Ireland and abroad. He works as a television producer.

260 **Gearóid Denvir** was born in Dublin and has lived for many years in the Connemara Gaeltacht. He teaches in University College Galway and also runs a summer Gaeltacht course for young people in Connemara. He has published two volumes of poetry, *Iomramh Aigne* (1976) and *Trudaireacht* (1983), and has written extensively on modern Irish literature and folklore.

Louis de Paor was born in Cork in 1961. Ph.D. from the National University of Ireland. Literary editor of *Comhar* for a time. Assistant editor of *Innti* 1984–88, subsequently editor from 1988–90. Spent three years teaching at universities in Ireland before emigrating to Australia in 1987. Divides his time between writing and looking after his four children. First collection of poems, *Próca Solais is Luatha* (Coiscéim 1988), awarded Duais an Ríordánaigh. Other published works are *30 Dán* (Coiscéim, 1993) and *Faoin mBlaoisc Bheag Sin*, a critical study of the work of Máirtín Ó Cadhain (Coiscéim, 1992). Currently working on a bilingual volume of poems culled from two original books in Irish. Awarded a Writer's Project Grant by the Australia Council and a bursary by the Irish Arts Council this year.

Conleth Ellis was born in Carlow in 1937 and learned Irish at the local schools. At University Colleges Dublin and Galway he studied English, Classics and Education, taking two Master's degrees.

A short spell in Kenya aroused an interest in bilingual African writers and led to a revival of his interest in Irish. He was vice-chairman of Poetry Ireland/Éigse Éireann. Married, with four children, he taught English in Belfast, and then in Athlone, until his death in 1990.

Poetry in English: *Poems* (1961), *This Ripening Time* (1966), *Under the Stone* (1971), *After Doomsday* (1982), *Age of Exploration* (1985), *Darkness Blossoming* (1989). Poetry in Irish: *Fómhar na nGéanna* (1975), *Aimsir Fháistineach* (1981), *Nead Lán Sneachta* (1982), *Táin* (1983), *Seabhac ag Guairdeall* (1985). He also published a novel in Irish, *Aoibhinn an Galar* (1986), and a book for teenagers, *An Canáraí Pinc* (1990).

Pearse Hutchinson was born in Glasgow in 1927 of Irish parents who returned to Ireland in 1932. He received his education at school in Dublin and later at University College Dublin.

He spent two years in Switzerland and extended periods in Catalunya, as well as two years as Gregory Fellow in Poetry at Leeds University (1971–73). Some of his poems were published in *Comhar*, *The Irish Press*, *Innti*, *The Partisan Review* (New York), *Poetry Chicago* etc. An accomplished linguist, he has translated from Castilian and

Catalan. He now lives in Dublin.

Poetry in English: *Tongue Without Hands* (1963), *Expansions* (1969), *Watching the Morning Grow* (1972), *The Frost Is All Over* (1975), *Selected Poems* (1982), *Climbing the Light* (1985). Poetry in Irish: *Faoistin Bhacach* (1968), *Le Cead na Gréine* (1989). Bilingual: *The Soul that Kissed the Boy* (1990).

Born in 1953 in Galway, **Rita Kelly** learned her Irish at school. At the age of 19 she married the poet and writer Eoghan Ó Tuairisc and they were both engaged in full-time writing until his death in 1982. Her poetry, short stories and criticism have appeared in various publications in Ireland and abroad, and her work has been broadcast, dramatised and translated into Italian, Dutch and German. She has won many literary awards, including the Irish Times/Merriman prize for poetry and an Arts Council bursary. She has published *Terms of Biology, Dialann sa Díseart* (in collaboration with Eoghan Ó Tuairisc), *An Bealach Éadóigh, The Whispering Arch and Other Stories* and a bilingual collection of poems, *Fare Well/Beir Beannacht* (1990). She has worked in electronics, forestry and part-time as a writer. She now lives in New York.

Caoimhín Mac Giolla Léith was born in Dublin in 1959 and was educated at University College Dublin, the University of Edinburgh and the Sorbonne. He is at present a lecturer in the Department of Modern Irish at University College Dublin. Much of his writing has been in the form of criticism and translations, and a collection of essays on Máirtín Ó Direáin which he edited, *Cime Mar Chách*, has been published by Coiscéim.

Tomás Mac Síomóin was born in Dublin in 1938. Has lived in various parts of Ireland, the Netherlands and America, where he was engaged in scientific research. Currently lecturing in Applied Biology in a College of Technology in Dublin. Has won a number of Oireachtas literary awards, mainly for poetry.

His first collection, *Damhna agus Dánta Eile,* won the Arts Council prize in 1974. Other titles include *Codarsnaí, Cré agus Cláirseach* and *Scian.* Has been editor of the literary and current affairs magazine *Comhar* since 1988.

Caitlín Maude was born in Casla, Connemara, in 1941. After taking a degree in Irish, English and French at University College Galway in 1962, she held various teaching posts in secondary and vocational schools. Caitlín's artistic versatility was such that she also gained much acclaim as an actress and as a *sean-nós* singer.

 Gael-Linn issued an LP recording of her singing and poetry, entitled *Caitlín,* in 1975. She married Cathal Ó Luain in 1969 and they had one son, Caomhán. She died in Dublin of a terminal illness in 1982. Her collected poems were published posthumously by Coiscéim, who later published a collection of her prose writings.

She co-wrote a one-act play, *An Lasair Choille,* with Michael Hartnett in 1961.

Nuala Ní Dhomhnaill was born in St Helens, Lancashire, in 1952 and spent a large part of her childhood in the Irish-speaking Dingle Peninsula. She studied Irish and English at University College Cork, then lived abroad for seven years, mostly in Holland and Turkey. She now lives in Dublin with her Turkish husband and four children.

Books published in Irish are *An Dealg Droighin* (Cló Mercier, 1981), *Féar Suaithinseach* (An Sagart, 1984) and *Feis* (An Sagart, 1991). Bilingual books are *Selected Poems/Rogha Dánta,* translated by Michael Hartnett (Raven Arts Press, 1986, 1988); *Pharaoh's Daughter,* with many translators (Gallery Press, 1990); and *The Astrakhan Cloak,* translated by Paul Muldoon (Gallery Press, 1992).

Nuala Ní Dhomhnaill has written two plays for children – *Jimín* and *An tOllphiast Gránna,* which toured Ireland under the auspices of the Arts Council. She is currently writer-in-residence at University College Cork.

Áine Ní Ghlinn is a broadcaster and journalist. Born in Co. Tipperary, she has had two collections of poetry published: *An Chéim Bhriste* (1984) and *Gairdín Pharthais* (1988). Her writings also include *Mná as an nGnáth* (1990), a biographical collection of stories based on the lives of unusual women and one of a series of Irish language books for teenagers.

Áine has won various awards for her work, including a Listowel Writers' Week Award for *Gairdín Pharthais* and an Oireachtas award for *Mná as an nGnáth.* She is at present working on a third collection of poetry and on another book in the Irish language series for teenagers.

Séamas Ó Céileachair was born in the Cork Gaeltacht of Ballyvourney in 1916. He was a well known anthologist and his own selected and new poems were published shortly before his death in *Drúcht an Ghleanna* (An Gúm, 1986). He was one of the most distinguished practitioners of the long poem. He achieved a measure of international attention when he wrote a welcoming ode on the visit of Ronald Reagan to Ireland.

A full-time artist and writer, **Cyril Ó Céirín** lives in Lisdoonvarna, 263
Co. Clare, in the family home where he first heard Irish spoken as
a child. Born 1934, reared mostly in the West, he spent a decade in
Britain and South Africa, navvying and mining mostly. A spell at
freelance journalism was followed by twenty years teaching in
Limerick.

He has translated two Modern Irish classics into English, *Mo Scéal
Féin* (1969) and, with his wife, *Séadna* (1989); produced literary crit-
icism, *An tOilithreach Gaelach* (1973), a devotional handbook based
on a long 17th century Clare poem, *Saltair Muire* (1989), and, again
with his wife, a wild life handbook, *Wild and Free* (1978).

His poetry has won Oireachtas and other awards, and a collec-
tion, *Le hAer 's le Fuacht,* was published in 1986; another is due out
this year.

Seán Ó Coisdealbha (better known as Johnny Chóil Mhaidhc) was
born, and still lives, in Indreabhán in the heart of the Connemara
Gaeltacht. A blacksmith by trade, he has written and produced
many plays. *An Tincéara Buí, Ortha na Seirce, Pionta Amháin Uisce*
and *An Mhéar Fhada* are among his best known works for stage.
Johnny has also made appearances in feature films such as *Poitín*
and *The Field* and is a frequent broadcaster on Radio na Gaeltachta.

His collected poems, *Buille faoi Thuairim Gabha,* was published
by Cló Iar-Chonnachta in 1989. He is married, with three children.

Seán Ó Curraoin was born in Cois Fharraige in the Connemara
Gaeltacht. He has worked on the team which produced Ó Dónaill's
dictionary, *Foclóir Gaeilge-Béarla.* He is now a member of the sec-
tion of the Dáil responsible for the official translation of all Acts of
Parliament and other official regulations into Irish.

He holds a first class MA degree in Irish from the National
University of Ireland. He has been writing poetry for some thirty
years and has published two collections: *Soilse ar na Dumhchannaí*
(1985) and *Beairtle* (1985).

Máirtín Ó Direáin (1910–88), the father figure of modern poetry
in Irish, was born in the Aran Islands. Over almost fifty years he
published eleven books of poetry and a book of prose sketches. His
titles are *Coinnle Geala* (1942); *Dánta Aniar* (1943); *Rogha Dánta*
(1949); *Ó Mórna agus Dánta Eile* (1957); *Feamainn Bhealtaine* (1961);
Ár Ré Dhearóil (1962); *Cloch Choirnéil* (1967); *Crainn is Cairde* (1970);
Ceacht an Éin (1980); *Dánta 1939–79* (1980); *Béasa an Túir* (1984);
Tacar Dánta/Selected Poems (1984; a dual-language book); *Craobhóg
Dán* (1986). He was awarded the Arts Council Prize in 1965, the

 Prize of the Irish-American Cultural Foundation in 1967 and the Ossian-Preis by the F.V.S. Foundation of Hamburg in 1977.

Aodh Ó Domhnaill was born (1947) and lives in Dublin, where he works in the Central Bank of Ireland. His family are from the north-west county of Donegal, home of Clann Dhomhnaill, the O'Donnells.

His first impulse was towards songwriting. For several years he wrote for and sang with a satiric group called Na hUaisle, who made many stage and television appearances. He then turned to poetry and has published two collections, *Feic* (1984), for which he was awarded Duais an Ríordánaigh, and *Cambhaill* (1987). He is at present working on a third collection.

Aodh is also a noted dramatist, working mainly with the avant-garde Dublin group, Aisteoirí Bulfin, who have produced four of his plays in recent years. In 1989 he received Duais Amharclann na Mainistreach (Abbey Theatre Script Award).

Gréagóir Ó Dúill, born Dublin 1946, was educated in Belfast. He is a BA of Queen's, Belfast, MA of University College Dublin in history and Ph.D. of St. Patrick's College, Maynooth, in English. Has been a teacher, an archivist, a civil servant, an executive in the state language agency, Bord na Gaeilge. Now a full-time writer, he reviews for *The Irish Times*, gives talks on Radio na Gaeltachta, writes biographies (Samuel Ferguson, Douglas Hyde) and has edited a volume of 17th century records for the Irish Manuscripts Commission. He also edited an anthology of contemporary Ulster verse, *Filíocht Uladh 1960–1985* (Coiscéim, 1986). His collections, from Coiscéim, are *Innilt Bhóthair* (1981), *Cliseadh* (1982), *Dubhthrian* (1985), *Blaoscoileán* (1988) and *Crannóg agus Carn* (1991). He was civil service cultural fellow in 1987, won the An tUltach/Gaeil St. Paul prize in 1988 and a special Oireachtas prize in 1990. He is literary editor of *Comhar*.

Pádraig Ó Fiannachta was born in Ventry, in the West Kerry Gaeltacht, in 1927. Curate in Wales 1953–59. Professor of Early and Medieval Irish and lecturer in Welsh at Maynooth 1960–80. Professor of Modern Irish 1980–92. Lexicographer to Royal Irish Academy 1960–74. Member of RIA 1966. Academic publications include editions of *Táin, Barántas* and shorter prose and poetry texts; nine volumes of catalogues of Irish mss. Translator-editor of *An Bíobla Naofa* (complete Bible, 1981), *An Leabhar Aifrinn* (new Roman Missal), catechisms. Author of biographies of Éamon de Valéra, Seán T. O'Kelly; travelogues on Russia, India, Kenya, Nigeria; four smaller

collections of poetry all included in *Deora Dé* (1987); a short novel,   265
Ag Siúl na Teorann (1987). Editor of *An Sagart* (quarterly, pastoral),
Léachtaí Cholm Cille (1970 to date; annual, scholarly), *Irisleabhar
Mhá Nuad* (1979 to date; annual, literary and theological).
Publishing editor of *Maynooth Monographs* (1–4, in progress), *Dán
agus Tallann* (1–2, in progress). Now Parish Priest of Dingle, Co.
Kerry.

Criostoir O'Flynn was born in Limerick City in 1927. He now lives
in Co. Dublin. He has worked in teaching, broadcasting, journal-
ism and public relations. Since being elected a member of Aosdána,
the Government-sponsored body of writers, artists and composers,
he is now able to work full-time as a writer.

He has written over forty books in Irish and English, comprising
two novels, two books of short stories, eight books of poetry, ten
full-length and eight one-act plays, adventure stories and books for
children. His stage plays have been produced at the Abbey and Gate
Theatres in Dublin, the Lyric in Belfast and An Taibhdhearc in
Galway. He has also written many plays for radio and television.
One of his television plays in Irish, *Oileán Tearmainn*, won two
Jacobs awards, while one of his stage plays, *Cóta Bán Chríost*, won
both the Oireachtas award for drama and the Douglas Hyde memo-
rial award for literature. As a poet, he has represented Ireland at the
Biennale de Poesie in Belgium and has been a Fellow in Literature
at the Salzburg Seminar.

Mícheál Ó hAirtnéide/Michael Hartnett was born in Cromadh,
Co. Limerick, in 1941. Although his early poetry was written in
English, after the publication of *A Farewell to English* in 1975 he
wrote in Irish only for the next ten years. Some of his titles are
Adharca Broic (1978); *An Phurgóid* (1983); *An Lia Nocht* (1985). His
Collected Poems have been published in two volumes. He has trans-
lated from Chinese and Spanish as well as from Irish. He has won
awards from the Irish-American Cultural Institute and the Irish Arts
Council, and is a member of Aosdána. He now lives in Dublin.

Dáithí Ó hÓgáin was born in Co. Limerick in 1949, and began to
write poetry in his teens. Graduated in modern languages from
University College Dublin and went on to study for an MA in Irish
literature and a doctorate in folklore. Has published three collec-
tions of poetry: *Cois Camhaoireach* (1981), *Cóngar na gCrosán* (1985)
and *Idir an Dá Dhealbh* (1988); also two collections of short stories,
Breacadh (1973) and *Imeall an Bhaile* (1986). Author of the seminal
work on the traditional image of the Gaelic poet, *An File* (1982). He

 has written several books on literary and folkloric topics – most notably *The Hero in Irish Folk History* (1985), *Fionn mac Cumhaill* (1988) and an Encyclopaedia of Irish narrative tradition entitled *Myth, Legend & Romance* (1990). In 1987 he drafted the Unesco policy on the preservation and development of folk culture worldwide.

Mícheál Ó hUanacháin is a senior member of RTE's Foreign News service. He was previously a reporter and presenter on the television current affairs programme *Féach*. In earlier years he was involved in university journalism, and he edited the monthly *Comhar* in the early 1970s.

His first collection, *Go dTaga Léas,* was published in 1971. It was followed by *Crann Tógála* and *Aibítir Mheiriceá.* A fourth collection, *Tráchtaireacht,* is in preparation. He has written widely on literary matters, and on the media. His essay on Máirtín Ó Direáin is in the collection *The Pleasures of Gaelic Poetry* (Allen Lane /Penguin Books, 1982).

He is a native of Dublin, and lives in Co. Dublin with his wife and two children.

Seán Ó Leocháin was born in 1943 in Athlone, an English-speaking area. He learned his Irish at primary school in Athlone and at the secondary residential College of St. Francis in Co. Meath. He spent five years at university in Galway, where he took his BA in Irish and Latin and his MA in Irish (1967). He now teaches at Summerhill, Athlone.

His published collections of poems are *Bláth an Fhéir* (1968), *An Dara Cloch* (1969), *Saol na bhFuíoll* (1973), *Idir Ord agus Inneoin* (1977), *In Absentia* (1980) and *Aithrí Thóirní* (1986). He has won numerous prizes at the Oireachtas, and *Saol na bhFuíoll* was awarded the Arts Council Prize for the best book of Irish poetry published between 1971 and 1973.

Brian Ó Maoileoin was born in Belfast in 1936. Learned Irish at school with the Christian Brothers and in Rannafast and Ros Goill in the Donegal Gaeltacht, where he has lived since 1971. His first stage play, *Gairm,* was produced in Dublin in 1966 and his first book of poems, *Safari* (Donncha Ó Laoire Prize, Oireachtas na Gaeilge), was published in 1973. A former teacher of Irish, he began to write full-time in 1986. Since then he has won various Oireachtas prizes for short story, novel and drama, including, in 1989, the Seán S. Ó hÉigeartaigh award for his novel *An Cheallúnach* and, in 1990, the award for a filmscript, *Ceobhrán.* In 1988 he won the University of St. Paul Minnesota/An tUltach award for his novel *Brothall,* and in

1990 the Sir Samuel Ferguson Memorial award for the BBC's first radio play in Irish. Coiscéim published his latest collection, *Piocarsach*, in 1993.

Art Ó Maolfabhail was born in Limerick in 1932. His first collection, *Aistí Dána*, from which the present pieces are taken, was published in 1964. A second collection, *Úlla Beaga*, was published in 1986. He has also published *Camán* (1973), which is a study of the stick-and-ball game of hurling from earliest times in Ireland as documented in historical evidence. He is a member of the staff of the Ordnance Survey of Ireland, where he is the Chief Placenames Officer in charge of research into the original Gaelic forms of the placenames of Ireland. He is married and has one son.

Born in Cork city, **Liam Ó Muirthile** learned Irish as a second language at school and in the Kerry Gaeltacht. In 1971 he graduated in Irish and French at University College Cork, where he was associated with the poetry journal *Innti*.

His first major collection, *Tine Chnámh* (Sáirséal·Ó Marcaigh, 1984), won the Oireachtas poetry prize and an award from the Irish-American Cultural Institute; and the title poem, which is in the form of verse for voices, also won the major Oireachtas television drama prize. Ó Muirthile has contributed to the successful bilingual anthologies *An Tonn Gheal/The Bright Wave, The Writers: A Sense of Ireland* and *An Crann faoi Bhláth/The Flowering Tree*. His latest collection of poems is *Dialann Bóthair* (Gallery Press, 1992).

He works as a journalist with RTÉ and writes a weekly column in Irish for *The Irish Times*, a selection from which was published by Comhar Teo. in book form in 1991 in *An Peann Coitianta*.

Aodh Ó Murchú was born in 1940 in Lislea, a small rural area in South Armagh renowned for poetry and song down through the ages. He was educated in Lislea Primary School and at the Abbey C.B.S. in Newry. He took a degree from Queen's University in 1963. Since then he has been teaching in the Abbey C.B.S., where he is Head of the Irish Department.

Aodh Ó Murchú has been publishing material in Irish since the age of 19 and has played an active part in Gaelic affairs in South Armagh, especially in the movement to bring back to prominence the works of the great 18th century Gaelic poets of the Fews. His published books to date are *I dTreo na Carraige*, a collection of poems; *Dialann Anama*, an account in prose and verse of his visit to the Western Isles in 1980; *Where Ditches Meet*, an anthology of English poetry; and *The Broken Wall*, an abridged version of the latter adapted for use in schools.

268 **Mícheál Ó Murchú** was born in 1918 and went to school in Cillbheanáin, Eatharlach, Co. Cork. He became a blacksmith, a trade followed by his father and his ancestors for hundreds of years, and adopted his pen-name, "An Gabha Gaelach", in 1940. He established a youth organisation, Coiste na nGael Óg, in 1958, and spent eight years teaching Irish voluntarily and improving his own grasp of the language. He entered the teaching profession in 1946 and was Headmaster of the Vocational School at Áth an Chóiste from 1966.

He began writing poems when 14 years old. He was president of Dámh-Scoil Mhúscraí Uí Fhloinn, a renowned bardic school in the adjacent West Cork Gaeltacht, Vice-Chairman of An tOireachtas and National President of Conradh na Gaeilge. He died in 1990.

Widely known by the familiar name Joe Steve (after his father), **Seosamh Ó Neachtain** was born near Spiddal in the Connemara Gaeltacht in 1942. He left school when he was 14 to help his widowed mother and family. A native Irish speaker, he recalls that he could hardly put a sentence together in English at the age of 17. He has published a book of ballads and sketches in Irish, and has won many awards for short stories and poetry. He is a talented actor and singer, and is particularly well known throughout Ireland for his humorous sketches, performed by himself and his wife, for which they have won many awards. They have three children. Joe is very active in all aspects of Gaeltacht community development, and is Construction Manager of Údarás na Gaeltachta (the Gaeltacht Authority).

Poet, novelist, dramatist and short story writer, **Séamus Ó Néill** was born in Co. Down in 1910. Graduate of Queen's University, Belfast and University College Dublin.

He was Professor of History in Carysfort Training College, Dublin. Lectured in University College Harvard, the University of Nova Scotia and Queen's University, Belfast. Among his best known works are *Tonn Tuille* (a novel); *Máire Nic Artain, Iníon Rí Dhún Sobhairce* and *Rún an Oileáin* (plays); and *An Seansaighdiúir agus Scéalta Eile* (short stories). He died in Dublin in 1981.

Cathal Ó Searcaigh was born in Gort an Choirce, an Irish-speaking part of Donegal, in 1956. Known to his friends as "Guru na gCnoc", he lives a life of happy detachment on his hillside farm. His most important collections of poetry are *Súile Shuibhne* (1983) and *Suibhne* (1987), both published by Coiscéim. He has read his work extensively both at home and abroad. He is also a playwright.

A bilingual edition of his poetry, *An Bealach 'na Bhaile/Homecoming*, 269
was published by Cló Iar-Chonnachta in 1993, and also a cassette
of his reading.

Micheal O'Siadhail was born in 1947. A full-time writer, he has
published seven books of poetry: *An Bhliain Bhisigh* (1978), *Runga*
(1980), *Cumann* (1982), *Springnight* (1983), *The Image Wheel* (1985),
The Chosen Garden (1990) and *Hail! Madam Jazz* (1992). He is rep-
resented in several anthologies, including *The Poetry Book Society
Anthology*, *A Touch of Flame* and *Christmas in Ireland*. He has received
an Irish-American Cultural Institute award for his poetry.

A former lecturer at Trinity College Dublin and a professor at the
Dublin Institute for Advanced Studies, he has lectured and read his
poetry widely in Ireland, Britain and North America. Among his
academic works are *Learning Irish* (Yale University Press, 1988) and
Modern Irish (Cambridge University Press, 1989).

He is a member of Aosdána, of the Arts Council of the Republic
of Ireland and of the Advisory Committee on Cultural Relations,
and a former editor of *Poetry Ireland Review*.

Pádraig Ó Snodaigh, sometime Uachtarán of Conradh na Gaeilge
and founder of the publishing house Coiscéim, was born in Carlow
in 1935. Has published monographs, pamphlets and novellas, as
well as three books of poems in Irish. Four titles on the Coiscéim
list include transpositions from Gaelic to Irish.

Eoghan Ó Tuairisc was born in Ballinasloe, Co. Galway, in 1919.
This is an English-speaking area, but he was educated through the
medium of the Irish language. He was commissioned in the Army
in 1939, and served in different parts of Ireland during 1939–45.
After several years teaching, he retired to become a full-time cre-
ative writer and left novels, poetry and plays in both English and
Irish. Some of his titles are *L'Attaque* (1962); *Lux Aeterna* (1964); *Dé
Luain* (1966); *Lá Fhéile Michíl* (1967); *Aisling Mhic Artáin* (1977); *An
Lomnochtán* (1978); *Fornocht do Chonac* (1981); and *Dialann sa
Díseart* (1981, with Rita Kelly). He won the Club Leabhar Prize, the
Douglas Hyde Award, the American Butler Award, and won sever-
al Oireachtas awards in poetry, drama and fiction. He died in 1982.

Seán Ó Tuama was until recently Professor of Modern Irish
Literature in University College Cork, and has been a visiting
Professor in Harvard, Oxford and in the University of Toronto. His
publications include three books of his own verse and four plays,
as well as literary criticism and literary history. *An Grá in Amhráin*

270 *na nDaoine* (1960), *Caoineadh Airt Uí Laoghaire* (1961), *Filí faoi Sceimhle* (1979) and *An Grá i bhFilíocht na nUaisle* (1988) are amongst his most notable academic works, while *An Duanaire: Poems of the Dispossessed* (1981) – a bilingual anthology with Thomas Kinsella – attracted widespread attention. He served as a member of the Arts Council from 1975 to 1981 and was Chairman of the working party which produced a report entitled *The Arts in Irish Education* (1979). In 1982 he was appointed Chairman of Bord na Gaeilge. In 1991 he published a new book of literary essays, *Cúirt, Tuath agus Bruachbhaile,* and an anthology of 20th century poetry in Irish, *Coiscéim na hAoise Seo.*

Liam Prút was born in North Tipperary in 1940. Primary and secondary teaching in Dublin, Tipperary, Waterford, Kilkenny. Graduated from Maynooth in French, Irish; MA in Modern Irish 1981; lecturer in 1981–82. Now a Parliamentary translator.

Published four collections of poetry: *Fíon as Seithí Óir* (1972); *Asail* (1982); *An Dá Scór* (1984); *An Giotár Meisce* (1988). Stories: *Sean-Dair agus Scéalta Eile* (1985). Novels: *Désirée* (1989; Oireachtas prize 1988); *Geineasas* (1991). Produced the Irish versions published in two books of Scottish Gaelic poetry – *Eadar Mi 's a' Bhreug* by Màiri NicGumaraid (1988, in collaboration with Pádraig Ó Snodaigh) and *A' Càradh an Rathaid/Ag Cóiriú an Róid* by Maoilios M. Caimbeul (1988) – and, as a separate book, Caimbeul's sci-fi novel for teenagers, *Talfasg* (1991). Author of *Máirtín Ó Direáin: File Tréadúil,* the only full-length study of the poet. Editor of two volumes of lectures, *Dúchas* (1986, 1990), and of eight newly discovered poems of Liam Dall Ó hIfearnáin (18th century poet of Caitlín Ní Uallacháin).

Gabriel Rosenstock was born in 1949 in Kilfinane, Co. Limerick, and was one of the *Innti* group of poets in University College Cork in the late Sixties.

He is Chairman of Éigse Éireann/Poetry Ireland, member of the Irish Writers Union, Irish Translators' Association and British Haiku Society. He works for the Publications branch of the Department of Education in Dublin and is author of some forty books. He has translated into Irish volumes of poetry by Francisco X. Alarcón, Seamus Heaney, Georg Trakl, Willem M. Roggeman, Peter Huckel and Günter Grass.

Gearóid Stockman was born in Belfast in 1933 and educated in that city in St. Malachy's College and in Queen's University, where

he now holds the Chair of Celtic. From 1975–80 he was editor of 271
An tUltach, and around that time encouraged Ulster poets to meet
and discuss their work; four volumes of poetry ensued which he
edited under the title *Dánta Aduaidh.* He has published scholarly
work on Irish dialects and is currently directing a major research
project on Ulster place-names.

Ar na Cuairteanna/Air na Cuairtean/On the Tours

Scots who have gone on the Irish tour in the spring, in March or April, are listed on the left. The autumn tour of Scotland by the Irish is usually in September. The names of the poets appear first, in order of age.

During the 21 years which this book is celebrating, a total of 22 Scottish poets toured Ireland, some of them several times. The number of Irish poets during those years was 41. Two of them, Michael Davitt and Mícheál Ó hAirtnéide, toured twice, while Rita Kelly had to leave the 1988 tour early and was invited to return the following year. Colonel Eoghan Ó Néill has accompanied each touring party in both countries since the beginning.

1971

Somhairle MacGill-Eain	Máirtín Ó Direáin
Ruaraidh MacThòmais	Seán Ó Tuama
Domhnall MacAmhlaigh	Caitlín Maude

1972

Aonghas MacNeacail	Art Ó Maolfabhail
Catrìona NicGumaraid	Seán Ó Coisdealbha
Mòrag NicGumaraid	Michael Davitt
Doileag NicIllFhinnein *seinneadair*	Tomás Ó Canainn *píobaire*

1973

Uilleam Nèill	Pearse Hutchinson
Iain Mac a' Ghobhainn	Mícheál Ó hUanacháin
Fionnlagh MacNèill *pìobaire*	Máiréad Mhic Dhonncha *amhránaí*
	Tony Mac Mahon *ceoltóir*

1974

Murchadh MacPhàrlain	Pádraig Ó Fiannachta
Catrìona NicGumaraid	Seán Ó Leocháin
Caitlin NicDhòmhnaill *seinneadair*	Máiréad Ní Mhaonaigh *amhránaí*
Fionnlagh MacNèill *pìobaire*	Seán Ó Duinnín *seanchaí*

1975

Somhairle MacGill-Eain	Gearóid Stockman
Mòrag NicGumaraid	Brian Ó Maoileoin
Uilleam MacDhòmhnaill *seinneadair*	Máire Ní Dhaoda *amhránaí*
Aonghas Dòmhnallach *pìobaire*	Eoin Ó Riabhaigh *píobaire*

1976

Aonghas Caimbeul
Aonghas MacNeacail
Flòraidh NicNèill *seinneadair*
Ailean Dòmhnallach *pìobaire*

Eoghan Ó Tuairisc
Criostoir O'Flynn
Nioclás Tóibín *amhránaí*
Máire Ní Ghráda *píobaire*

1977

Iain Mac a' Ghobhainn
Tormod MacGill-Eain
Anna Soutar *seinneadair*
Fearchar MacRath *fidhlear*

Séamus Ó Néill
Tomás Mac Síomóin
Liam Ó Conchúir *amhránaí*
Máire Ní Mhistéal *píobaire*

1978

Ruaraidh MacThòmais
Iain MacDhòmhnaill
Cairistìona Primrose *seinneadair*
Rona Lightfoot *pìobaire*

Cyril Ó Céirín
Mícheál Ó hAirtnéide
Seosamh Mac an Iomaire *amhránaí*
Máiréad Ní Chathasaigh *cláirseoir*

1979

Ruairidh MacDhòmhnaill
Catrìona NicGumaraid
Màiri Sandeman *seinneadair*
Aonghas Grannd *fidhlear*

Conleth Ellis
Gabriel Rosenstock
Treasa Ní Mhiolláin *amhránaí*
Eoin Ó Cionnaith *píobaire*

1980

Domhnall MacAmhlaigh
Mòrag NicGumaraid
Catrìona NicLeòid *seinneadair*
Calum MacThòrcadail *fear-bogsa*

Aodh Ó Murchú
Micheal O'Siadhail
Alfonsus Mac an Bháird *amhránaí*
Áine Ní Dhúill *cláirseoir*

1981

Somhairle MacGill-Eain
Donnchadh MacLabhrainn
Catrìona Chaimbeul *seinneadair*
Iain Dòmhnallach *pìobaire*

Séamas Ó Céileachair
Nuala Ní Dhomhnaill
Tomás Ó Neachtain *amhránaí*
Gráinne Yeats *cláirseoir*

1982

Iain Mac a' Ghobhainn
Fearghas MacFhionnlaigh
Flòraidh NicNèill *seinneadair*
Alison Kinnaird *clàrsair*

Mícheál Ó Murchú
Cathal Ó Searcaigh
Seosaimhín Ní Bheaglaoich *amhránaí*
Déaglán Mac an Mháistir *píobaire*

1983

Somhairle MacGill-Eain
Tormod Caimbeul
Màiri Nic a' Ghobhainn *seinneadair*
Tormod MacGillIosa *pìobaire*

Dáithí Ó hÓgáin
Caoimhín Mac Giolla Léith
Máire Ní Ghráda *amhránaí*
Gearóidín de Charraig *cláirseoir*

1984
Aonghas MacNeacail
Maoilios M. Caimbeul
Catrìona Anna Nic-a-Phì *seinneadair*
Uilleam Moireasdan *pìobaire*

Pádraig Ó Snodaigh
Liam Prút
Pádraig Ó Cearbhaill *amhránaí*
Aibhlín McCrann *cláirseoir*

1985
Aonghas-Phàdraig Caimbeul
Màiri NicGumaraid
Cairistìona Cheanadach *seinneadair*
Ailean Dòmhnallach *pìobaire*

Mícheál Ó hAirtnéide
Áine Ní Ghlinn
Clíona Ní Fhlannagáin *amhránaí*
Peter Browne *píobaire*

1986
Somhairle MacGill-Eain
Iain Moireach
Iseabail NicAsgaill *seinneadair*
Patsy Seddon *clàrsair*

Gréagóir Ó Dúill
Michael Davitt
Ann Mulqueen *amhránaí*
Mícheál Ó hAlmhain *píobaire*

1987
Uilleam Nèill
Meg Bateman
Sìm MacCoinnich *seinneadair*
Tormod MacIain *pìobaire*

Seosamh Ó Neachtain
Louis de Paor
Lillis Ó Laoire *amhránaí*
Janet Harbison *cláirseoir*

1988
Ruaraidh MacThòmais
Donnchadh MacLeòid
Màiri NicAonghais *seinneadair*
Maol Dòmhnaich Moireasdan *pìobaire*

Liam Ó Muirthile
Rita Kelly
Sorcha Ní Ghriallais *amhránaí*
Máirtín Ó Fatharta *píobaire*

1989
Somhairle MacGill-Eain
Maoilios M. Caimbeul
Màiri Anna NicUalraig *seinneadair*
Iain MacCoinnich *pìobaire*

Seán Ó Curraoin
Rita Kelly
Máiréad Ní Oistín *amhránaí*
Mícheál Ó Briain *píobaire*

1990
Tormod Caimbeul
Màiri NicGumaraid
Catrìona Anna Nic-a-Phì *seinneadair*
Rona Lightfoot *pìobaire*

Deirdre Brennan
Aodh Ó Domhnaill
Seán Mac Craith *amhránaí*
Niall Ó Maolagáin *píobaire*

1991
Somhairle MacGill-Eain
Catrìona NicGumaraid
Catrìona NicGill-Eain *seinneadair*
Iain Moireasdan *pìobaire*

Colm Breathnach
Gearóid Denvir
Áine Uí Cheallaigh *amhránaí*
Seán Óg Potts *píobaire*